TRANSLATE

Translated Language Learning

The Communist Manifesto

Das Kommunistische Manifest

Karl Marx & Friedrich Engels

English / Deutsch

Copyright © 2024 Tranzlaty
All rights reserved.
Published by Tranzlaty
ISBN: 978-1-83566-171-0
Original text by Karl Marx and Friedrich Engels
The Communist Manifesto
First published in 1848
www.tranzlaty.com

- Introduction -
- Einleitung -

A spectre is haunting Europe — the spectre of Communism
Ein Gespenst geht um in Europa – das Gespenst des Kommunismus
All the Powers of old Europe have entered into a holy alliance to exorcise this spectre
Alle Mächte des alten Europa sind eine heilige Allianz eingegangen, um dieses Gespenst auszutreiben
Pope and Czar, Metternich and Guizot, French Radicals and German police-spies
Papst und Zaren, Metternich und Guizot, französische Radikale und deutsche Polizeispione
Where is the party in opposition that has not been decried as Communistic by its opponents in power?
Wo ist die Oppositionspartei, die von ihren Gegnern an der Macht nicht als kommunistisch verschrien wurde?
Where is the Opposition that has not hurled back the branding reproach of Communism, against the more advanced opposition parties?
Wo ist die Opposition, die nicht den Brandvorwurf des Kommunismus gegen die fortgeschritteneren Oppositionsparteien zurückgeschleudert hat?
And where is the party that has not made the accusation against its reactionary adversaries?
Und wo ist die Partei, die den Vorwurf nicht gegen ihre reaktionären Gegner erhoben hat?
Two things result from this fact
Aus dieser Tatsache ergeben sich zweierlei
I. Communism is already acknowledged by all European Powers to be itself a Power
I. Der Kommunismus wird bereits von allen europäischen Mächten als eine Macht anerkannt

II. It is high time that Communists should openly, in the face of the whole world, publish their views, aims and tendencies

II. Es ist höchste Zeit, dass die Kommunisten ihre Ansichten, Ziele und Tendenzen offen vor der ganzen Welt offenlegen

they must meet this nursery tale of the Spectre of Communism with a Manifesto of the party itself

sie müssen diesem Kindermärchen vom Gespenst des Kommunismus mit einem Manifest der Partei selbst begegnen

To this end, Communists of various nationalities have assembled in London and sketched the following Manifesto

Zu diesem Zweck haben sich Kommunisten verschiedener Nationalitäten in London versammelt und folgendes Manifest entworfen

this manifesto is to be published in the English, French, German, Italian, Flemish and Danish languages

Dieses Manifest wird in deutscher, englischer, französischer, italienischer, flämischer und dänischer Sprache veröffentlicht

And now it is to be published in all the languages that Tranzlaty offers

Und jetzt soll es in allen Sprachen veröffentlicht werden, die Tranzlaty anbietet

- Bourgeoisie and the Proletarians -
- Die Bourgeoisie und die Proletarier -

The history of all hitherto existing societies is the history of class struggles

Die Geschichte aller bisherigen Gesellschaften ist die Geschichte der Klassenkämpfe

Freeman and slave, patrician and plebeian, lord and serf, guild-master and journeyman

Freier und Sklave, Patrizier und Plebejer, Herr und Leibeigener, Zunftmeister und Geselle

in a word, oppressor and oppressed

mit einem Wort, Unterdrücker und Unterdrückte

these social classes stood in constant opposition to one another

Diese sozialen Klassen standen in ständiger Opposition zueinander

they carried on an uninterrupted fight. Now hidden, now open

Sie führten einen ununterbrochenen Kampf. Jetzt versteckt, jetzt offen

a fight that either ended in a revolutionary re-constitution of society at large

Ein Kampf, der entweder in einer revolutionären Rekonstitution der Gesellschaft als Ganzes endete

or a fight that ended in the common ruin of the contending classes

oder ein Kampf, der im gemeinsamen Ruin der streitenden Klassen endete

let us look back to the earlier epochs of history

Blicken wir zurück auf die früheren Epochen der Geschichte

we find almost everywhere a complicated arrangement of society into various orders

Wir finden fast überall eine komplizierte Einteilung der Gesellschaft in verschiedene Ordnungen

there has always been a manifold gradation of social rank

Es gab schon immer eine mannigfaltige Abstufung des sozialen Ranges

In ancient Rome we have patricians, knights, plebeians, slaves

Im alten Rom gibt es Patrizier, Ritter, Plebejer, Sklaven

in the Middle Ages: feudal lords, vassals, guild-masters, journeymen, apprentices, serfs

im Mittelalter: Feudalherren, Vasallen, Zunftmeister, Gesellen, Lehrlinge, Leibeigene

in almost all of these classes, again, subordinate gradations

In fast allen diesen Klassen sind wiederum untergeordnete Abstufungen

The modern Bourgeoisie society has sprouted from the ruins of feudal society

Die moderne Bourgeoisie Gesellschaft ist aus den Trümmern der feudalen Gesellschaft hervorgegangen

but this new social order has not done away with class antagonisms

Aber diese neue Gesellschaftsordnung hat die Klassengegensätze nicht beseitigt

It has but established new classes and new conditions of oppression

Sie hat nur neue Klassen und neue Unterdrückungsbedingungen geschaffen

it has established new forms of struggle in place of the old ones

Sie hat neue Formen des Kampfes an die Stelle der alten gesetzt

however, the epoch we find ourselves in possesses one distinctive feature

Die Epoche, in der wir uns befinden, weist jedoch eine Besonderheit auf

the epoch of the Bourgeoisie has simplified the class antagonisms

die Epoche der Bourgeoisie hat die Klassengegensätze vereinfacht

Society as a whole is more and more splitting up into two great hostile camps
Die Gesellschaft als Ganzes spaltet sich mehr und mehr in zwei große feindliche Lager
two great social classes directly facing each other: Bourgeoisie and Proletariat
zwei große soziale Klassen, die sich direkt gegenüberstehen: Bourgeoisie und Proletariat
From the serfs of the Middle Ages sprang the chartered burghers of the earliest towns
Aus den Leibeigenen des Mittelalters gingen die Bürger der ersten Städte hervor
From these burgesses the first elements of the Bourgeoisie were developed
Aus diesen Bürgern entwickelten sich die ersten Elemente der Bourgeoisie
The discovery of America and the rounding of the Cape
Die Entdeckung Amerikas und die Umrundung des Kaps
these events opened up fresh ground for the rising Bourgeoisie
diese Ereignisse eröffneten der aufstrebenden Bourgeoisie neues Terrain
The East-Indian and Chinese markets, the colonisation of America, trade with the colonies
Die ostindischen und chinesischen Märkte, die Kolonisierung Amerikas, der Handel mit den Kolonien
the increase in the means of exchange and in commodities generally
die Vermehrung der Tauschmittel und der Waren überhaupt
these events gave to commerce, navigation, and industry an impulse never before known
Diese Ereignisse gaben dem Handel, der Schiffahrt und der Industrie einen nie gekannten Impuls
it gave rapid development to the revolutionary element in the tottering feudal society

Sie gab dem revolutionären Element in der wankenden feudalen Gesellschaft eine rasche Entwicklung

closed guilds had monopolised the feudal system of industrial production

Geschlossene Zünfte hatten das feudale System der industriellen Produktion monopolisiert

but this no longer sufficed for the growing wants of the new markets

Doch das reichte den wachsenden Bedürfnissen der neuen Märkte nicht mehr aus

The manufacturing system took the place of the feudal system of industry

Das Manufaktursystem trat an die Stelle des feudalen Systems der Industrie

The guild-masters were pushed on one side by the manufacturing middle class

Die Zunftmeister wurden vom produzierenden Bürgertum auf die Seite gedrängt

division of labour between the different corporate guilds vanished

Die Arbeitsteilung zwischen den verschiedenen korporativen Innungen verschwand

the division of labour penetrated each single workshop

Die Arbeitsteilung durchdrang jede einzelne Werkstatt

Meantime, the markets kept ever growing, and the demand ever rising

In der Zwischenzeit wuchsen die Märkte immer weiter und die Nachfrage stieg immer weiter

Even factories no longer sufficed to meet the demands

Selbst Fabriken reichten nicht mehr aus, um den Anforderungen gerecht zu werden

Thereupon, steam and machinery revolutionised industrial production

Daraufhin revolutionierten Dampf und Maschinen die industrielle Produktion

The place of manufacture was taken by the giant, Modern Industry
An die Stelle der Manufaktur trat der Riese, die moderne Industrie
the place of the industrial middle class was taken by industrial millionaires
An die Stelle des industriellen Mittelstandes traten industrielle Millionäre
the place of leaders of whole industrial armies were taken by the modern Bourgeoisie
an die Stelle der Führer ganzer Industriearmeen trat die moderne Bourgeoisie
the discovery of America paved the way for modern industry to establish the world market
die Entdeckung Amerikas ebnete der modernen Industrie den Weg zur Etablierung des Weltmarktes
This market gave an immense development to commerce, navigation, and communication by land
Dieser Markt gab dem Handel, der Schifffahrt und der Kommunikation auf dem Landweg eine ungeheure Entwicklung
This development has, in its time, reacted on the extension of industry
Diese Entwicklung hat seinerzeit auf die Ausdehnung der Industrie reagiert
it reacted in proportion to how industry extended, and how commerce, navigation and railways extended
Sie reagierte in dem Maße, wie sich die Industrie ausbreitete, und wie sich Handel, Schifffahrt und Eisenbahn ausdehnten
in the same proportion that the Bourgeoisie developed, they increased their capital
in demselben Maße, in dem sich die Bourgeoisie entwickelte, vermehrte sie ihr Kapital
and the Bourgeoisie pushed into the background every class handed down from the Middle Ages

und das Bourgeoisie drängte jede aus dem Mittelalter
überlieferte Klasse in den Hintergrund

therefore the modern Bourgeoisie is itself the product of a long course of development

daher ist die moderne Bourgeoisie selbst das Produkt eines langen Entwicklungsganges

we see it is a series of revolutions in the modes of production and of exchange

Wir sehen, dass es sich um eine Reihe von Revolutionen in der Produktions- und Tauschweise handelt

Each developmental Bourgeoisie step was accompanied by a corresponding political advance

Jeder Schritt der Bourgeoisie Entwicklung ging mit einem entsprechenden politischen Fortschritt einher

An oppressed class under the sway of the feudal nobility

Eine unterdrückte Klasse unter der Herrschaft des feudalen Adels

an armed and self-governing association in the mediaeval commune

ein bewaffneter und selbstverwalteter Verein in der mittelalterlichen Kommune

here, an independent urban republic (as in Italy and Germany)

hier eine unabhängige Stadtrepublik (wie in Italien und Deutschland)

there, a taxable "third estate" of the monarchy (as in France)

dort ein steuerpflichtiger "dritter Stand" der Monarchie (wie in Frankreich)

afterwards, in the period of manufacture proper

Danach, in der Zeit der eigentlichen Herstellung

the Bourgeoisie served either the semi-feudal or the absolute monarchy

die Bourgeoisie diente entweder der halbfeudalen oder der absoluten Monarchie

or the Bourgeoisie acted as a counterpoise against the nobility

oder die Bourgeoisie fungierte als Gegengewicht zum Adel
and, in fact, the Bourgeoisie was a corner-stone of the great monarchies in general
und in der Tat war die Bourgeoisie ein Eckpfeiler der großen Monarchien überhaupt
but Modern Industry and the world-market established itself since then
aber die moderne Industrie und der Weltmarkt haben sich seitdem etabliert
and the Bourgeoisie has conquered for itself exclusive political sway
und die Bourgeoisie hat sich die ausschließliche politische Herrschaft erobert
it achieved this political sway through the modern representative State
sie erreichte diese politische Herrschaft durch den modernen repräsentativen Staat
The executives of the modern State are but a management committee
Die Exekutive des modernen Staates ist nichts anderes als ein Verwaltungskomitee
and they manage the common affairs of the whole of the Bourgeoisie
und sie leiten die gemeinsamen Angelegenheiten der gesamten Bourgeoisie
The Bourgeoisie, historically, has played a most revolutionary part
Die Bourgeoisie hat historisch gesehen eine höchst revolutionäre Rolle gespielt
wherever it got the upper hand, it put an end to all feudal, patriarchal, and idyllic relations
Wo immer sie die Oberhand gewann, machte sie allen feudalen, patriarchalischen und idyllischen Verhältnissen ein Ende
It has pitilessly torn asunder the motley feudal ties that bound man to his "natural superiors"

Sie hat erbarmungslos die bunten feudalen Bande zerrissen, die den Menschen an seine "natürlichen Vorgesetzten" banden
and it has left remaining no nexus between man and man, other than naked self-interest
Und es ist kein Nexus zwischen Mensch und Mensch übrig geblieben, außer nacktem Eigeninteresse
man's relations with one another have become nothing more than callous "cash payment"
Die Beziehungen der Menschen zueinander sind zu nichts anderem geworden als zu einer gefühllosen "Geldzahlung"
It has drowned the most heavenly ecstasies of religious fervour
Sie hat die himmlischsten Ekstasen religiöser Inbrunst ertränkt
it has drowned chivalrous enthusiasm and philistine sentimentalism
sie hat ritterlichen Enthusiasmus und philiströsen Sentimentalismus übertönt
it has drowned these things in the icy water of egotistical calculation
Sie hat diese Dinge im eisigen Wasser des egoistischen Kalküls ertränkt
It has resolved personal worth into exchangeable value
Sie hat den persönlichen Wert in Tauschwert aufgelöst
it has replaced the numberless and indefeasible chartered freedoms
Sie hat die zahllosen und unveräußerlichen verbrieften Freiheiten ersetzt
and it has set up a single, unconscionable freedom; Free Trade
und sie hat eine einzige, skrupellose Freiheit geschaffen; Freihandel
In one word, it has done this for exploitation
Mit einem Wort, sie hat dies für die Ausbeutung getan
exploitation veiled by religious and political illusions
Ausbeutung, verschleiert durch religiöse und politische Illusionen

exploitation veiled by naked, shameless, direct, brutal exploitation
Ausbeutung verschleiert durch nackte, schamlose, direkte, brutale Ausbeutung
the Bourgeoisie has stripped the halo off every previously honoured and revered occupation
die Bourgeoisie hat den Heiligenschein von jedem zuvor geehrten und verehrten Beruf abgestreift
the physician, the lawyer, the priest, the poet, and the man of science
der Arzt, der Advokat, der Priester, der Dichter und der Mann der Wissenschaft
it has converted these distinguished workers into its paid wage labourers
Sie hat diese ausgezeichneten Arbeiter in ihre bezahlten Lohnarbeiter verwandelt
The Bourgeoisie has torn the sentimental veil away from the family
Die Bourgeoisie hat der Familie den sentimentalen Schleier weggerissen
and it has reduced the family relation to a mere money relation
Und sie hat das Familienverhältnis auf ein bloßes Geldverhältnis reduziert
the brutal display of vigour in the Middle Ages which Reactionists so much admire
die brutale Zurschaustellung der Kraft im Mittelalter, die die Reaktionäre so sehr bewundern
even this found its fitting complement in the most slothful indolence
Auch diese fand ihre passende Ergänzung in der trägesten Trägheit
The Bourgeoisie has disclosed how all this came to pass
Die Bourgeoisie hat enthüllt, wie es dazu gekommen ist
The Bourgeoisie have been the first to show what man's activity can bring about

Die Bourgeoisie war die erste, die gezeigt hat, was die Tätigkeit des Menschen bewirken kann
It has accomplished wonders far surpassing Egyptian pyramids, Roman aqueducts, and Gothic cathedrals
Sie hat Wunder vollbracht, die ägyptische Pyramiden, römische Aquädukte und gotische Kathedralen bei weitem übertreffen
and it has conducted expeditions that put in the shade all former Exoduses of nations and crusades
und sie hat Expeditionen durchgeführt, die alle früheren Auszüge von Nationen und Kreuzzügen in den Schatten stellten

The Bourgeoisie cannot exist without constantly revolutionising the instruments of production
Die Bourgeoisie kann nicht existieren, ohne die Produktionsmittel ständig zu revolutionieren
and thereby it cannot exist without its relations to production
und damit kann sie nicht ohne ihre Beziehungen zur Produktion existieren
and therefore it cannot exist without its relations to society
und deshalb kann sie nicht ohne ihre Beziehungen zur Gesellschaft existieren
all earlier industrial classes had one condition in common
Alle früheren Industrieklassen hatten eine Bedingung gemeinsam
they relied on the conservation of the old modes of production
Sie setzten auf die Bewahrung der alten Produktionsweisen
but the Bourgeoisie brought with it a completely new dynamic
aber die Bourgeoisie brachte eine völlig neue Dynamik mit sich
Constant revolutionizing of production and uninterrupted disturbance of all social conditions

Ständige Revolutionierung der Produktion und ununterbrochene Störung aller gesellschaftlichen Verhältnisse
this everlasting uncertainty and agitation distinguishes the Bourgeoisie epoch from all earlier ones
diese immerwährende Unsicherheit und Unruhe unterscheidet die Epoche der Bourgeoisie von allen früheren
previous relations with production came with ancient and venerable prejudices and opinions
Die bisherigen Beziehungen zur Produktion waren mit alten und ehrwürdigen Vorurteilen und Meinungen verbunden
but all of these fixed, fast-frozen relations are swept away
Aber all diese festgefahrenen, eingefrorenen Beziehungen werden hinweggefegt
all new-formed relations become antiquated before they can ossify
Alle neu gebildeten Verhältnisse werden antiquiert, bevor sie erstarren können
All that is solid melts into air, and all that is holy is profaned
Alles, was fest ist, zerschmilzt in Luft, und alles, was heilig ist, wird entweiht
man is at last compelled to face with sober senses, his real conditions of life
Der Mensch ist endlich gezwungen, mit nüchternen Sinnen seinen wirklichen Lebensbedingungen ins Auge zu sehen
and he is compelled to face his relations with his kind
und er ist gezwungen, sich seinen Beziehungen zu seinesgleichen zu stellen

The Bourgeoisie constantly needs to expand its markets for its products
Die Bourgeoisie muss ständig ihre Märkte für ihre Produkte erweitern
and, because of this, the Bourgeoisie is chased over the whole surface of the globe
und deshalb wird die Bourgeoisie über die ganze Erdoberfläche gejagt

The Bourgeoisie must nestle everywhere, settle everywhere, establish connections everywhere
Die Bourgeoisie muss sich überall einnisten, sich überall niederlassen, überall Verbindungen herstellen
The Bourgeoisie must create markets in every corner of the world to exploit
Die Bourgeoisie muss in jedem Winkel der Welt Märkte schaffen, um sie auszubeuten
the production and consumption in every country has been given a cosmopolitan character
Die Produktion und der Konsum in jedem Land haben einen kosmopolitischen Charakter erhalten
the chagrin of Reactionists is palpable, but it has carried on regardless
der Verdruss der Reaktionäre ist mit Händen zu greifen, aber er hat sich trotzdem fortgesetzt
The Bourgeoisie have drawn from under the feet of industry the national ground on which it stood
Die Bourgeoisie hat der Industrie den nationalen Boden, auf dem sie stand, unter den Füßen weggezogen
all old-established national industries have been destroyed, or are daily being destroyed
Alle alteingesessenen nationalen Industrien sind zerstört worden oder werden täglich zerstört
all old-established national industries are dislodged by new industries
Alle alteingesessenen nationalen Industrien werden durch neue Industrien verdrängt
their introduction becomes a life and death question for all civilised nations
Ihre Einführung wird zu einer Frage von Leben und Tod für alle zivilisierten Völker
they are dislodged by industries that no longer work up indigenous raw material
Sie werden von Industrien verdrängt, die keine heimischen Rohstoffe mehr verarbeiten

instead, these industries pull raw materials from the remotest zones
Stattdessen beziehen diese Industrien Rohstoffe aus den entlegensten Zonen
industries whose products are consumed, not only at home, but in every quarter of the globe
Industrien, deren Produkte nicht nur zu Hause, sondern in allen Teilen der Welt konsumiert werden
In place of the old wants, satisfied by the productions of the country, we find new wants
An die Stelle der alten Bedürfnisse, die durch die Erzeugnisse des Landes befriedigt werden, treten neue Bedürfnisse
these new wants require for their satisfaction the products of distant lands and climes
Diese neuen Bedürfnisse bedürfen zu ihrer Befriedigung der Produkte aus fernen Ländern und Klimazonen
In place of the old local and national seclusion and self-sufficiency, we have trade
An die Stelle der alten lokalen und nationalen Abgeschiedenheit und Selbstversorgung tritt der Handel
international exchange in every direction; universal interdependence of nations
internationaler Austausch in alle Richtungen; universelle Interdependenz der Nationen
and just as we have dependency on materials, so we are dependent on intellectual production
Und so wie wir von Materialien abhängig sind, so sind wir von der intellektuellen Produktion abhängig
The intellectual creations of individual nations become common property
Die geistigen Schöpfungen der einzelnen Nationen werden zum Gemeingut
National one-sidedness and narrow-mindedness become more and more impossible
Nationale Einseitigkeit und Engstirnigkeit werden immer unmöglicher

and from the numerous national and local literatures, there arises a world literature
Und aus den zahlreichen nationalen und lokalen Literaturen entsteht eine Weltliteratur
by the rapid improvement of all instruments of production
durch die rasche Verbesserung aller Produktionsmittel
by the immensely facilitated means of communication
durch die immens erleichterten Kommunikationsmittel
The Bourgeoisie draws all (even the most barbarian nations) into civilisation
Die Bourgeoisie zieht alle (auch die barbarischsten Nationen) in die Zivilisation hinein
The cheap prices of its commodities; the heavy artillery that batters down all Chinese walls
Die billigen Preise seiner Waren; die schwere Artillerie, die alle chinesischen Mauern niederreißt
the barbarians' intensely obstinate hatred of foreigners is forced to capitulate
Der hartnäckige Fremdenhass der Barbaren wird zur Kapitulation gezwungen
It compels all nations, on pain of extinction, to adopt the Bourgeoisie mode of production
Sie zwingt alle Nationen, unter Androhung des Aussterbens, die Bourgeoisie Produktionsweise anzunehmen
it compels them to introduce what it calls civilisation into their midst
Sie zwingt sie, das, was sie Zivilisation nennt, in ihre Mitte einzuführen
The Bourgeoisie force the barbarians to become Bourgeoisie themselves
Die Bourgeoisie zwingt die Barbaren, selbst zur Bourgeoisie zu werden
in a word, the Bourgeoisie creates a world after its own image
mit einem Wort, die Bourgeoisie schafft sich eine Welt nach ihrem Bilde

The Bourgeoisie has subjected the countryside to the rule of the towns
Die Bourgeoisie hat das Land der Herrschaft der Städte unterworfen
It has created enormous cities and greatly increased the urban population
Sie hat riesige Städte geschaffen und die Stadtbevölkerung stark vergrößert
it rescued a considerable part of the population from the idiocy of rural life
Sie rettete einen beträchtlichen Teil der Bevölkerung vor der Idiotie des Landlebens
but it has made those in the the countryside dependent on the towns
Aber sie hat die Menschen auf dem Lande von den Städten abhängig gemacht
and likewise, it has made the barbarian countries dependent on the civilised ones
Und ebenso hat sie die barbarischen Länder von den zivilisierten abhängig gemacht
nations of peasants on nations of Bourgeoisie, the East on the West
Bauernnationen gegen Völker der Bourgeoisie, Osten gegen Westen
The Bourgeoisie does away with the scattered state of the population more and more
Die Bourgeoisie beseitigt den zerstreuten Zustand der Bevölkerung mehr und mehr
It has agglomerated production, and has concentrated property in a few hands
Sie hat die Produktion agglomeriert und das Eigentum in wenigen Händen konzentriert
The necessary consequence of this was political centralisation
Die notwendige Konsequenz daraus war eine politische Zentralisierung

there had been independent nations and loosely connected provinces
Es gab unabhängige Nationen und lose miteinander verbundene Provinzen
they had separate interests, laws, governments and systems of taxation
Sie hatten getrennte Interessen, Gesetze, Regierungen und Steuersysteme
but they have become lumped together into one nation, with one government
Aber sie sind zu einer Nation zusammengeschmolzen, mit einer Regierung
they now have one national class-interest, one frontier and one customs-tariff
Sie haben jetzt ein nationales Klasseninteresse, eine Grenze und einen Zolltarif
and this national class-interest is unified under one code of law
Und dieses nationale Klasseninteresse ist unter einem Gesetzbuch vereinigt
the Bourgeoisie has achieved much during its rule of scarce one hundred years
die Bourgeoisie hat während ihrer knapp hundertjährigen Herrschaft viel erreicht
more massive and colossal productive forces than have all preceding generations together
massivere und kolossalere Produktivkräfte als alle vorhergehenden Generationen zusammen
Nature's forces are subjugated to the will of man and his machinery
Die Kräfte der Natur sind dem Willen des Menschen und seiner Maschinerie unterworfen
chemistry is applied to all forms of industry and types of agriculture
Die Chemie wird auf alle Industrieformen und Landwirtschaftsformen angewendet

steam-navigation, railways, electric telegraphs, and the printing press
Dampfschiffahrt, Eisenbahnen, elektrische Telegraphen und die Druckerpresse

clearing of whole continents for cultivation, canalisation of rivers
Rodung ganzer Kontinente für den Anbau, Kanalisierung von Flüssen

whole populations have been conjured out of the ground and put to work
ganze Populationen wurden aus dem Boden gezaubert und an die Arbeit gebracht

what earlier century had even a presentiment of what could be unleashed?
Welches frühere Jahrhundert hatte auch nur eine Ahnung von dem, was entfesselt werden könnte?

who predicted that such productive forces slumbered in the lap of social labour?
Wer hat vorausgesagt, dass solche Produktivkräfte im Schoß der gesellschaftlichen Arbeit schlummern?

we see then that the means of production and of exchange were generated in feudal society
Wir sehen also, daß die Produktions- und Tauschmittel in der feudalen Gesellschaft erzeugt wurden

the means of production on whose foundation the Bourgeoisie built itself up
die Produktionsmittel, auf deren Grundlage sich die Bourgeoisie aufbaute

At a certain stage in the development of these means of production and of exchange
Auf einer bestimmten Stufe der Entwicklung dieser Produktions- und Tauschmittel

the conditions under which feudal society produced and exchanged

die Bedingungen, unter denen die feudale Gesellschaft produzierte und tauschte

the feudal organisation of agriculture and manufacturing industry

Die feudale Organisation der Landwirtschaft und des verarbeitenden Gewerbes

the feudal relations of property were no longer compatible with the material conditions

Die feudalen Eigentumsverhältnisse waren mit den materiellen Verhältnissen nicht mehr vereinbar

They had to be burst asunder, so they were burst asunder

Sie mussten gesprengt werden, also wurden sie auseinandergesprengt

Into their place stepped free competition from the productive forces

An ihre Stelle trat die freie Konkurrenz der Produktivkräfte

and they were accompanied by a social and political constitution adapted to it

Und sie wurden von einer ihr angepassten sozialen und politischen Verfassung begleitet

and it was accompanied by the economical and political sway of the Bourgeoisie class

und sie wurde begleitet von der ökonomischen und politischen Herrschaft der Bourgeoisie Klasse

A similar movement is going on before our own eyes

Eine ähnliche Bewegung vollzieht sich vor unseren eigenen Augen

Modern Bourgeoisie society with its relations of production, and of exchange, and of property

Die moderne Bourgeoisie Gesellschaft mit ihren Produktions-, Tausch- und Eigentumsverhältnissen

a society that has conjured up such gigantic means of production and of exchange

eine Gesellschaft, die so gigantische Produktions- und Tauschmittel heraufbeschworen hat

it is like the sorcerer who called up the powers of the nether world
Es ist wie der Zauberer, der die Mächte der Unterwelt heraufbeschworen hat
but he is no longer able to control what he has brought into the world
Aber er ist nicht mehr in der Lage, zu kontrollieren, was er in die Welt gebracht hat
For many a decade past history was tied together by a common thread
Viele Jahrzehnte lang war die vergangene Geschichte durch einen roten Faden miteinander verbunden
the history of industry and commerce has been but the history of revolts
Die Geschichte der Industrie und des Handels ist nichts anderes als die Geschichte der Revolten
the revolts of modern productive forces against modern conditions of production
die Revolten der modernen Produktivkräfte gegen die modernen Produktionsbedingungen
the revolts of modern productive forces against property relations
die Revolten der modernen Produktivkräfte gegen die Eigentumsverhältnisse
these property relations are the conditions for the existence of the Bourgeoisie
diese Eigentumsverhältnisse sind die Bedingungen für die Existenz der Bourgeoisie
and the existence of the Bourgeoisie determines the rules for property relations
und die Existenz der Bourgeoisie bestimmt die Regeln der Eigentumsverhältnisse
it is enough to mention the periodical return of commercial crises
Es genügt, die periodische Wiederkehr von Handelskrisen zu erwähnen

each commercial crisis is more threatening to Bourgeoisie society than the last
jede Handelskrise ist für die Bourgeoisie Gesellschaft bedrohlicher als die letzte
In these crises a great part of the existing products are destroyed
In diesen Krisen wird ein großer Teil der bestehenden Produkte vernichtet
but these crises also destroy the previously created productive forces
Diese Krisen zerstören aber auch die zuvor geschaffenen Produktivkräfte
in all earlier epochs these epidemics would have seemed an absurdity
In allen früheren Epochen wären diese Epidemien als Absurdität erschienen
because these epidemics are the commercial crises of over-production
denn diese Epidemien sind die kommerziellen Krisen der Überproduktion
Society suddenly finds itself put back into a state of momentary barbarism
Die Gesellschaft befindet sich plötzlich wieder in einem Zustand der momentanen Barbarei
as if a universal war of devastation had cut off every means of subsistence
als ob ein allgemeiner Verwüstungskrieg jede Möglichkeit des Lebensunterhalts abgeschnitten hätte
industry and commerce seem to have been destroyed; and why?
Industrie und Handel scheinen zerstört worden zu sein; Und warum?
Because there is too much civilisation and means of subsistence
Weil es zu viel Zivilisation und Subsistenzmittel gibt

and because there is too much industry, and too much commerce
Und weil es zu viel Industrie und zu viel Handel gibt
The productive forces at the disposal of society no longer develop Bourgeoisie property
Die Produktivkräfte, die der Gesellschaft zur Verfügung stehen, entwickeln nicht mehr das Bourgeoisie Eigentum
on the contrary, they have become too powerful for these conditions, by which they are fettered
im Gegenteil, sie sind zu mächtig geworden für diese Verhältnisse, durch die sie gefesselt sind
as soon as they overcome these fetters, they bring disorder into the whole of Bourgeoisie society
sobald sie diese Fesseln überwunden haben, bringen sie Unordnung in die ganze Bourgeoisie Gesellschaft
and the productive forces endanger the existence of Bourgeoisie property
und die Produktivkräfte gefährden die Existenz des Bourgeoisie Eigentums
The conditions of Bourgeoisie society are too narrow to comprise the wealth created by them
Die Bedingungen der Bourgeoisie Gesellschaft sind zu eng, um den von ihnen geschaffenen Reichtum zu erfassen
And how does the Bourgeoisie get over these crises?
Und wie überwindet die Bourgeoisie diese Krisen?
On the one hand, it overcomes these crises by the enforced destruction of a mass of productive forces
Einerseits überwindet sie diese Krisen durch die erzwungene Vernichtung einer Masse von Produktivkräften
on the other hand, it overcomes these crises by the conquest of new markets
Andererseits überwindet sie diese Krisen durch die Eroberung neuer Märkte
and it overcomes these crises by the more thorough exploitation of the old forces of production

Und sie überwindet diese Krisen durch die gründlichere Ausbeutung der alten Produktivkräfte
That is to say, by paving the way for more extensive and more destructive crises
Das heißt, indem sie den Weg für umfangreichere und zerstörerischere Krisen ebnen
it overcomes the crisis by diminishing the means whereby crises are prevented
Sie überwindet die Krise, indem sie die Mittel zur Krisenprävention einschränkt

The weapons with which the Bourgeoisie felled feudalism to the ground are now turned against itself
Die Waffen, mit denen die Bourgeoisie den Feudalismus zu Fall brachte, sind jetzt gegen sich selbst gerichtet
But not only has the Bourgeoisie forged the weapons that bring death to itself
Aber die Bourgeoisie hat nicht nur die Waffen geschmiedet, die sich selbst den Tod bringen
it has also called into existence the men who are to wield those weapons
Sie hat auch die Männer ins Leben gerufen, die diese Waffen führen sollen
and these men are the modern working class; they are the proletarians
Und diese Männer sind die moderne Arbeiterklasse; Sie sind die Proletarier
In proportion as the Bourgeoisie is developed, in the same proportion is the Proletariat developed
In dem Maße, wie die Bourgeoisie entwickelt ist, entwickelt sich auch das Proletariat
the modern working class developed a class of labourers
Die moderne Arbeiterklasse entwickelte eine Klasse von Arbeitern
this class of labourers live only so long as they find work

Diese Klasse von Arbeitern lebt nur so lange, wie sie Arbeit findet

and they find work only so long as their labour increases capital

Und sie finden nur so lange Arbeit, wie ihre Arbeit das Kapital vermehrt

These labourers, who must sell themselves piece-meal, are a commodity

Diese Arbeiter, die sich stückweise verkaufen müssen, sind eine Ware

these labourers are like every other article of commerce

Diese Arbeiter sind wie jeder andere Handelsartikel

and they are consequently exposed to all the vicissitudes of competition

und sie sind folglich allen Wechselfällen des Wettbewerbs ausgesetzt

they have to weather all the fluctuations of the market

Sie müssen alle Schwankungen des Marktes überstehen

Owing to the extensive use of machinery and to division of labour

Aufgrund des umfangreichen Maschineneinsatzes und der Arbeitsteilung

the work of the proletarians has lost all individual character

Die Arbeit der Proletarier hat jeden individuellen Charakter verloren

and consequently, the work of the proletarians has lost all charm for the workman

Und folglich hat die Arbeit der Proletarier für den Arbeiter jeden Reiz verloren

He becomes an appendage of the machine, rather than the man he once was

Er wird zu einem Anhängsel der Maschine und nicht mehr zu dem Mann, der er einmal war

only the most simple, monotonous, and most easily acquired knack is required of him

Nur das einfachste, eintönigste und am leichtesten zu erwerbende Geschick wird von ihm verlangt

Hence, the cost of production of a workman is restricted

Daher sind die Produktionskosten eines Arbeiters begrenzt

it is restricted almost entirely to the means of subsistence that he requires for his maintenance

sie beschränkt sich fast ausschließlich auf die Mittel zur Bestreitung des Lebensunterhalts, die er zu seinem Unterhalt benötigt

and it is restricted to the means of subsistence that he requires for the propagation of his race

und sie beschränkt sich auf die Subsistenzmittel, die er zur Fortpflanzung seiner Rasse benötigt

But the price of a commodity, and therefore also of labour, is equal to its cost of production

Aber der Preis einer Ware, also auch der Arbeit, ist gleich ihren Produktionskosten

In proportion, therefore, as the repulsiveness of the work increases, the wage decreases

In dem Maße also, wie die Widerwärtigkeit der Arbeit zunimmt, sinkt der Lohn

Nay, the repulsiveness of his work increases at an even greater rate

Ja, die Widerwärtigkeit seiner Arbeit nimmt sogar noch mehr zu

as the use of machinery and division of labour increases, so does the burden of toil

In dem Maße, wie der Einsatz von Maschinen und die Arbeitsteilung zunehmen, steigt auch die Last der Arbeit

the burden of toil is increased by prolongation of the working hours

Die Arbeitsbelastung wird durch die Verlängerung der Arbeitszeit erhöht

more is expected of the labourer in the same time as before

Dem Arbeiter wird in der gleichen Zeit mehr zugemutet als zuvor

and of course the burden of the toil is increased by the speed of the machinery

Und natürlich wird die Last der Arbeit durch die Geschwindigkeit der Maschinerie erhöht

Modern industry has converted the little workshop of the patriarchal master into the great factory of the industrial capitalist

Die moderne Industrie hat die kleine Werkstatt des patriarchalischen Meisters in die große Fabrik des industriellen Kapitalisten verwandelt

Masses of labourers, crowded into the factory, are organised like soldiers

Massen von Arbeitern, die in die Fabrik gedrängt sind, sind wie Soldaten organisiert

As privates of the industrial army they are placed under the command of a perfect hierarchy of officers and sergeants

Als Gefreite der Industriearmee stehen sie unter dem Kommando einer vollkommenen Hierarchie von Offizieren und Unteroffizieren

they are not only the slaves of the Bourgeoisie class and State

sie sind nicht nur die Sklaven der Bourgeoisie und des Staates

but they are also daily and hourly enslaved by the machine

Aber sie werden auch täglich und stündlich von der Maschine versklavt

they are enslaved by the over-looker, and, above all, by the individual Bourgeoisie manufacturer himself

sie sind Sklaven des Aufsehers und vor allem des einzelnen Bourgeoisie Fabrikanten selbst

The more openly this despotism proclaims gain to be its end and aim, the more petty, the more hateful and the more embittering it is

Je offener dieser Despotismus den Gewinn als seinen Zweck und sein Ziel proklamiert, desto kleinlicher, verhaßter und verbitterender ist er

the more modern industry becomes developed, the lesser are the differences between the sexes
Je mehr sich die moderne Industrie entwickelt, desto geringer sind die Unterschiede zwischen den Geschlechtern

The less the skill and exertion of strength implied in manual labour, the more is the labour of men superseded by that of women
Je geringer die Geschicklichkeit und Kraftanstrengung der Handarbeit ist, desto mehr wird die Arbeit der Männer von der der Frauen verdrängt

Differences of age and sex no longer have any distinctive social validity for the working class
Alters- und Geschlechtsunterschiede haben für die Arbeiterklasse keine besondere gesellschaftliche Gültigkeit mehr

All are instruments of labour, more or less expensive to use, according to their age and sex
Alle sind Arbeitsinstrumente, die je nach Alter und Geschlecht mehr oder weniger teuer zu gebrauchen sind

as soon as the labourer receives his wages in cash, than he is set upon by the other portions of the Bourgeoisie
sobald der Arbeiter seinen Lohn in bar erhält, wird er von den übrigen Teilen der Bourgeoisie angegriffen

the landlord, the shopkeeper, the pawnbroker, etc
der Vermieter, der Ladenbesitzer, der Pfandleiher usw

The lower strata of the middle class; the small trades people and shopkeepers
Die unteren Schichten der Mittelschicht; die kleinen Handwerker und Ladenbesitzer

the retired tradesmen generally, and the handicraftsmen and peasants
die pensionierten Gewerbetreibenden überhaupt, die Handwerker und Bauern

all these sink gradually into the Proletariat
all dies sinkt allmählich in das Proletariat ein

partly because their diminutive capital does not suffice for the scale on which Modern Industry is carried on
theils deshalb, weil ihr winziges Kapital nicht ausreicht für den Maßstab, in dem die moderne Industrie betrieben wird
and because it is swamped in the competition with the large capitalists
und weil sie in der Konkurrenz mit den Großkapitalisten überschwemmt wird
partly because their specialized skill is rendered worthless by the new methods of production
zum Teil deshalb, weil ihr spezialisiertes Können durch die neuen Produktionsmethoden wertlos wird
Thus the Proletariat is recruited from all classes of the population
So rekrutiert sich das Proletariat aus allen Klassen der Bevölkerung
The Proletariat goes through various stages of development
Das Proletariat durchläuft verschiedene Entwicklungsstufen
With its birth begins its struggle with the Bourgeoisie
Mit ihrer Geburt beginnt der Kampf mit der Bourgeoisie
At first the contest is carried on by individual labourers
Zuerst wird der Kampf von einzelnen Arbeitern geführt
then the contest is carried on by the workpeople of a factory
Dann wird der Kampf von den Arbeitern einer Fabrik ausgetragen
then the contest is carried on by the operatives of one trade, in one locality
Dann wird der Kampf von den Arbeitern eines Gewerbes an einem Ort ausgetragen
and the contest is then against the individual Bourgeoisie who directly exploits them
und der Kampf richtet sich dann gegen die einzelne Bourgeoisie, die sie direkt ausbeutet
They direct their attacks not against the Bourgeoisie conditions of production

Sie richten ihre Angriffe nicht gegen die Bourgeoisie Produktionsbedingungen
but they direct their attack against the instruments of production themselves
aber sie richten ihren Angriff gegen die Produktionsmittel selbst
they destroy imported wares that compete with their labour
Sie vernichten importierte Waren, die mit ihrer Arbeitskraft konkurrieren
they smash to pieces machinery and they set factories ablaze
Sie zertrümmern Maschinen und setzen Fabriken in Brand
they seek to restore by force the vanished status of the workman of the Middle Ages
sie versuchen, den verschwundenen Status des Arbeiters des Mittelalters mit Gewalt wiederherzustellen
At this stage the labourers still form an incoherent mass scattered over the whole country
In diesem Stadium bilden die Arbeiter noch eine unzusammenhängende Masse, die über das ganze Land verstreut ist
and they are broken up by their mutual competition
und sie werden durch ihre gegenseitige Konkurrenz zerrissen
If anywhere they unite to form more compact bodies, this is not yet the consequence of their own active union
Wenn sie sich irgendwo zu kompakteren Körpern vereinigen, so ist dies noch nicht die Folge ihrer eigenen aktiven Vereinigung
but it is a consequence of the union of the Bourgeoisie, to attain its own political ends
aber es ist eine Folge der Vereinigung der Bourgeoisie, ihre eigenen politischen Ziele zu erreichen
the Bourgeoisie is compelled to set the whole Proletariat in motion
die Bourgeoisie ist gezwungen, das ganze Proletariat in Bewegung zu setzen

and moreover, for a time being, the Bourgeoisie is able to do so
und überdies ist die Bourgeoisie eine Zeitlang dazu in der Lage
At this stage, therefore, the proletarians do not fight their enemies
In diesem Stadium kämpfen die Proletarier also nicht gegen ihre Feinde
but instead they are fighting the enemies of their enemies
Stattdessen kämpfen sie gegen die Feinde ihrer Feinde
the fight the remnants of absolute monarchy and the landowners
Der Kampf gegen die Überreste der absoluten Monarchie und die Großgrundbesitzer
they fight the non-industrial Bourgeoisie; the petty Bourgeoisie
sie bekämpfen die nicht-industrielle Bourgeoisie; das Kleiliche Bourgeoisie
Thus the whole historical movement is concentrated in the hands of the Bourgeoisie
So ist die ganze historische Bewegung in den Händen der Bourgeoisie konzentriert
every victory so obtained is a victory for the Bourgeoisie
jeder so errungene Sieg ist ein Sieg der Bourgeoisie
But with the development of industry the Proletariat not only increases in number
Aber mit der Entwicklung der Industrie wächst nicht nur die Zahl des Proletariats
the Proletariat becomes concentrated in greater masses and its strength grows
das Proletariat konzentriert sich in größeren Massen und seine Kraft wächst
and the Proletariat feels that strength more and more
und das Proletariat spürt diese Kraft mehr und mehr
The various interests and conditions of life within the ranks of the Proletariat are more and more equalised

Die verschiedenen Interessen und Lebensbedingungen in den Reihen des Proletariats gleichen sich mehr und mehr an
they become more in proportion as machinery obliterates all distinctions of labour
sie werden in dem Maße größer, wie die Maschinerie alle Unterschiede der Arbeit verwischt
and machinery nearly everywhere reduces wages to the same low level
Und die Maschinen senken fast überall die Löhne auf das gleiche niedrige Niveau
The growing competition among the Bourgeoisie, and the resulting commercial crises, make the wages of the workers ever more fluctuating
Die wachsende Konkurrenz der Bourgeoisie und die daraus resultierenden Handelskrisen lassen die Löhne der Arbeiter immer schwankender
The unceasing improvement of machinery, ever more rapidly developing, makes their livelihood more and more precarious
Die unaufhörliche Verbesserung der sich immer schneller entwickelnden Maschinen macht ihren Lebensunterhalt immer prekärer
the collisions between individual workmen and individual Bourgeoisie take more and more the character of collisions between two classes
die Kollisionen zwischen einzelnen Arbeitern und einzelnen Bourgeoisien nehmen immer mehr den Charakter von Zusammenstößen zwischen zwei Klassen an
Thereupon the workers begin to form combinations (Trades Unions) against the Bourgeoisie
Darauf beginnen die Arbeiter, sich gegen die Bourgeoisie zu verbünden (Gewerkschaften)
they club together in order to keep up the rate of wages
Sie schließen sich zusammen, um die Löhne hoch zu halten
they found permanent associations in order to make provision beforehand for these occasional revolts

sie gründeten ständige Vereinigungen, um für diese
gelegentlichen Revolten im voraus Vorsorge zu treffen

Here and there the contest breaks out into riots

Hier und da bricht der Wettkampf in Ausschreitungen aus

Now and then the workers are victorious, but only for a time

Hin und wieder siegen die Arbeiter, aber nur für eine gewisse Zeit

The real fruit of their battles lies, not in the immediate result, but in the ever-expanding union of the workers

Die wirkliche Frucht ihrer Kämpfe liegt nicht in den unmittelbaren Ergebnissen, sondern in der immer größer werdenden Vereinigung der Arbeiter

This union is helped on by the improved means of communication that are created by modern industry

Diese Vereinigung wird durch die verbesserten Kommunikationsmittel unterstützt, die von der modernen Industrie geschaffen werden

modern communication places the workers of different localities in contact with one another

Die moderne Kommunikation bringt die Arbeiter verschiedener Orte miteinander in Kontakt

It was just this contact that was needed to centralise the numerous local struggles into one national struggle between classes

Es war gerade dieser Kontakt, der nötig war, um die zahlreichen lokalen Kämpfe zu einem nationalen Kampf zwischen den Klassen zu zentralisieren

all of these struggles are of the same character, and every class struggle is a political struggle

Alle diese Kämpfe haben den gleichen Charakter, und jeder Klassenkampf ist ein politischer Kampf

the burghers of the Middle Ages, with their miserable highways, required centuries to form their unions

die Bürger des Mittelalters mit ihren elenden Landstraßen brauchten Jahrhunderte, um ihre Vereinigungen zu bilden

the modern proletarians, thanks to railways, achieve their unions within a few years
Die modernen Proletarier erreichen dank der Eisenbahn ihre Gewerkschaften innerhalb weniger Jahre
This organisation of the proletarians into a class consequently formed them into a political party
Diese Organisation der Proletarier zu einer Klasse formte sie folglich zu einer politischen Partei
the political class is continually being upset again by the competition between the workers themselves
Die politische Klasse wird immer wieder durch die Konkurrenz zwischen den Arbeitern selbst verärgert
But the political class continues to rise up again, stronger, firmer, mightier
Aber die politische Klasse erhebt sich weiter, stärker, fester, mächtiger
It compels legislative recognition of particular interests of the workers
Er zwingt zur gesetzgeberischen Anerkennung der besonderen Interessen der Arbeitnehmer
it does this by taking advantage of the divisions among the Bourgeoisie itself
sie tut dies, indem sie sich die Spaltungen innerhalb der Bourgeoisie selbst zunutze macht
Thus the ten-hours' bill in England was put into law
Damit wurde das Zehnstundengesetz in England in Kraft gesetzt

in many ways the collisions between the classes of the old society further is the course of development of the Proletariat
in vielerlei Hinsicht ist der Zusammenstoß zwischen den Klassen der alten Gesellschaft ferner der Entwicklungsgang des Proletariats
The Bourgeoisie finds itself involved in a constant battle
Die Bourgeoisie befindet sich in einem ständigen Kampf

At first it will find itself involved in a constant battle with the aristocracy
Zuerst wird sie sich in einem ständigen Kampf mit der Aristokratie wiederfinden
later on it will find itself involved in a constant battle with those portions of the Bourgeoisie itself
später wird sie sich in einem ständigen Kampf mit diesen Teilen der Bourgeoisie selbst wiederfinden
and their interests will have become antagonistic to the progress of industry
und ihre Interessen werden dem Fortschritt der Industrie entgegengesetzt sein
at all times, their interests will have become antagonistic with the Bourgeoisie of foreign countries
zu allen Zeiten werden ihre Interessen mit der Bourgeoisie fremder Länder in Konflikt geraten sein
In all these battles it sees itself compelled to appeal to the Proletariat, and asks for its help
In allen diesen Kämpfen sieht sie sich genötigt, an das Proletariat zu appellieren, und bittet es um Hilfe
and thus, it will feel compelled to drag it into the political arena
Und so wird sie sich gezwungen sehen, sie in die politische Arena zu zerren
The Bourgeoisie itself, therefore, supplies the Proletariat with its own instruments of political and general education
Die Bourgeoisie selbst versorgt also das Proletariat mit ihren eigenen Instrumenten der politischen und allgemeinen Erziehung
in other words, it furnishes the Proletariat with weapons for fighting the Bourgeoisie
mit anderen Worten, sie liefert dem Proletariat Waffen für den Kampf gegen die Bourgeoisie
Further, as we have already seen, entire sections of the ruling classes are precipitated into the Proletariat

Ferner werden, wie wir schon gesehen haben, ganze Schichten der herrschenden Klassen in das Proletariat hineingestürzt
the advance of industry sucks them into the Proletariat
der Fortschritt der Industrie saugt sie in das Proletariat hinein
or, at least, they are threatened in their conditions of existence
oder zumindest sind sie in ihren Existenzbedingungen bedroht
These also supply the Proletariat with fresh elements of enlightenment and progress
Diese versorgen auch das Proletariat mit frischen Elementen der Aufklärung und des Fortschritts
Finally, in times when the class struggle nears the decisive hour
Endlich, in Zeiten, in denen sich der Klassenkampf der entscheidenden Stunde nähert
the process of dissolution going on within the ruling class
Der Auflösungsprozess innerhalb der herrschenden Klasse
in fact, the dissolution going on within the ruling class will be felt within the whole range of society
In der Tat wird die Auflösung, die sich innerhalb der herrschenden Klasse vollzieht, in der gesamten Bandbreite der Gesellschaft zu spüren sein
it will take on such a violent, glaring character, that a small section of the ruling class cuts itself adrift
Sie wird einen so gewalttätigen, krassen Charakter annehmen, dass ein kleiner Teil der herrschenden Klasse sich selbst abtreibt
and that ruling class will join the revolutionary class
Und diese herrschende Klasse wird sich der revolutionären Klasse anschließen
the revolutionary class being the class that holds the future in its hands
Die revolutionäre Klasse ist die Klasse, die die Zukunft in ihren Händen hält

Just as at an earlier period, a section of the nobility went over to the Bourgeoisie
Wie in früheren Zeiten ging ein Teil des Adels zur Bourgeoisie über

the same way a portion of the Bourgeoisie will go over to the Proletariat
ebenso wird ein Teil der Bourgeoisie zum Proletariat übergehen

in particular, a portion of the Bourgeoisie will go over to a portion of the Bourgeoisie ideologists
insbesondere wird ein Teil der Bourgeoisie zu einem Teil der Bourgeoisie Ideologen übergehen

Bourgeoisie ideologists who have raised themselves to the level of comprehending theoretically the historical movement as a whole
Bourgeoisie Ideologen, die sich auf die Ebene erhoben haben, die historische Bewegung als Ganzes theoretisch zu begreifen

Of all the classes that stand face to face with the Bourgeoisie today, the Proletariat alone is a really revolutionary class
Von allen Klassen, die heute der Bourgeoisie gegenüberstehen, ist das Proletariat allein eine wirklich revolutionäre Klasse

The other classes decay and finally disappear in the face of Modern Industry
Die anderen Klassen zerfallen und verschwinden schließlich im Angesicht der modernen Industrie

the Proletariat is its special and essential product
das Proletariat ist ihr besonderes und wesentliches Produkt

The lower middle class, the small manufacturer, the shopkeeper, the artisan, the peasant
Die untere Mittelschicht, der kleine Fabrikant, der Ladenbesitzer, der Handwerker, der Bauer

all these fight against the Bourgeoisie
all diese Kämpfe gegen die Bourgeoisie

they fight as fractions of the middle class to save themselves from extinction

Sie kämpfen als Fraktionen der Mittelschicht, um sich vor dem Aussterben zu retten

They are therefore not revolutionary, but conservative

Sie sind also nicht revolutionär, sondern konservativ

Nay more, they are reactionary, for they try to roll back the wheel of history

Ja, mehr noch, sie sind reaktionär, denn sie versuchen, das Rad der Geschichte zurückzudrehen

If by chance they are revolutionary, they are so only in view of their impending transfer into the Proletariat

Wenn sie zufällig revolutionär sind, so sind sie es nur im Hinblick auf ihre bevorstehende Überführung in das Proletariat

they thus defend not their present, but their future interests

Sie verteidigen also nicht ihre gegenwärtigen, sondern ihre zukünftigen Interessen

they desert their own standpoint to place themselves at that of the Proletariat

sie verlassen ihren eigenen Standpunkt, um sich auf den des Proletariats zu stellen

The "dangerous class," the social scum, that passively rotting mass thrown off by the lowest layers of old society

Die »gefährliche Klasse«, der soziale Abschaum, diese passiv verrottende Masse, die von den untersten Schichten der alten Gesellschaft abgeworfen wird

they may, here and there, be swept into the movement by a proletarian revolution

sie können hier und da von einer proletarischen Revolution in die Bewegung hineingerissen werden

its conditions of life, however, prepare it far more for the part of a bribed tool of reactionary intrigue

Seine Lebensbedingungen bereiten ihn jedoch viel mehr auf die Rolle eines bestochenen Werkzeugs reaktionärer Intrigen vor

In the conditions of the Proletariat, those of old society at large are already virtually swamped

In den Verhältnissen des Proletariats sind die Verhältnisse der alten Gesellschaft im Allgemeinen bereits praktisch überschwemmt

The proletarian is without property
Der Proletarier ist ohne Eigentum

his relation to his wife and children has no longer anything in common with the Bourgeoisie's family-relations
sein Verhältnis zu Frau und Kindern hat mit den Familienverhältnissen der Bourgeoisie nichts mehr gemein

modern industrial labour, modern subjection to capital, the same in England as in France, in America as in Germany
moderne industrielle Arbeit, moderne Unterwerfung unter das Kapital, dasselbe in England wie in Frankreich, in Amerika wie in Deutschland

his condition in society has stripped him of every trace of national character
Seine Stellung in der Gesellschaft hat ihm jede Spur von nationalem Charakter genommen

Law, morality, religion, are to him so many Bourgeoisie prejudices
Gesetz, Moral, Religion sind für ihn so viele Bourgeoisie Vorurteile

and behind these prejudices lurk in ambush just as many Bourgeoisie interests
und hinter diesen Vorurteilen lauern ebenso viele Bourgeoisie Interessen

All the preceding classes that got the upper hand, sought to fortify their already acquired status
Alle vorhergehenden Klassen, die die Oberhand gewannen, versuchten, ihren bereits erworbenen Status zu festigen

they did this by subjecting society at large to their conditions of appropriation
Sie taten dies, indem sie die Gesellschaft als Ganzes ihren Aneignungsbedingungen unterwarfen

The proletarians cannot become masters of the productive forces of society

Die Proletarier können nicht Herren der Produktivkräfte der Gesellschaft werden

it can only do this by abolishing their own previous mode of appropriation

Sie kann dies nur tun, indem sie ihre eigene bisherige Aneignungsweise abschafft

and thereby it also abolishes every other previous mode of appropriation

Und damit hebt sie auch jede andere bisherige Aneignungsweise auf

They have nothing of their own to secure and to fortify

Sie haben nichts Eigenes zu sichern und zu festigen

their mission is to destroy all previous securities for, and insurances of, individual property

Ihre Aufgabe ist es, alle bisherigen Sicherheiten und Versicherungen für individuelles Eigentum zu vernichten

All previous historical movements were movements of minorities

Alle bisherigen historischen Bewegungen waren Bewegungen von Minderheiten

or they were movements in the interests of minorities

oder es handelte sich um Bewegungen im Interesse von Minderheiten

The proletarian movement is the self-conscious, independent movement of the immense majority

Die proletarische Bewegung ist die selbstbewusste, selbständige Bewegung der ungeheuren Mehrheit

and it is a movement in the interests of the immense majority

Und es ist eine Bewegung im Interesse der großen Mehrheit

The Proletariat, the lowest stratum of our present society

Das Proletariat, die unterste Schicht unserer heutigen Gesellschaft

it cannot stir or raise itself up without the whole superincumbent strata of official society being sprung into the air
Sie kann sich nicht regen oder erheben, ohne daß die ganze übergeordnete Schicht der offiziellen Gesellschaft in die Luft geschleudert wird

Though not in substance, yet in form, the struggle of the Proletariat with the Bourgeoisie is at first a national struggle
Der Kampf des Proletariats mit der Bourgeoisie ist, wenn auch nicht der Substanz nach, doch zunächst ein nationaler Kampf

The Proletariat of each country must, of course, first of all settle matters with its own Bourgeoisie
Das Proletariat eines jeden Landes muss natürlich vor allem mit seiner eigenen Bourgeoisie abrechnen

In depicting the most general phases of the development of the Proletariat, we traced the more or less veiled civil war
Indem wir die allgemeinsten Phasen der Entwicklung des Proletariats schilderten, verfolgten wir den mehr oder weniger verhüllten Bürgerkrieg

this civil is raging within existing society
Diese Zivilgesellschaft wütet in der bestehenden Gesellschaft

it will rage up to the point where that war breaks out into open revolution
Er wird bis zu dem Punkt wüten, an dem dieser Krieg in eine offene Revolution ausbricht

and then the violent overthrow of the Bourgeoisie lays the foundation for the sway of the Proletariat
und dann legt der gewaltsame Sturz der Bourgeoisie die Grundlage für die Herrschaft des Proletariats

Hitherto, every form of society has been based, as we have already seen, on the antagonism of oppressing and oppressed classes
Bisher beruhte jede Gesellschaftsform, wie wir bereits gesehen haben, auf dem Antagonismus unterdrückender und unterdrückter Klassen

But in order to oppress a class, certain conditions must be assured to it
Um aber eine Klasse zu unterdrücken, müssen ihr gewisse Bedingungen zugesichert werden
the class must be kept under conditions in which it can, at least, continue its slavish existence
Die Klasse muss unter Bedingungen gehalten werden, unter denen sie wenigstens ihre sklavische Existenz fortsetzen kann
The serf, in the period of serfdom, raised himself to membership in the commune
Der Leibeigene erhob sich in der Zeit der Leibeigenschaft zum Mitglied der Kommune
just as the petty Bourgeoisie, under the yoke of feudal absolutism, managed to develop into a Bourgeoisie
so wie es dem Kleinbourgeoisie unter dem Joch des feudalen Absolutismus gelang, sich zur Bourgeoisie zu entwickeln
The modern labourer, on the contrary, instead of rising with the progress of industry, sinks deeper and deeper
Der moderne Arbeiter dagegen sinkt, anstatt sich mit dem Fortschritt der Industrie zu erheben, immer tiefer
he sinks below the conditions of existence of his own class
Er sinkt unter die Existenzbedingungen seiner eigenen Klasse
He becomes a pauper, and pauperism develops more rapidly than population and wealth
Er wird ein Bettler, und der Pauperismus entwickelt sich schneller als Bevölkerung und Reichtum
And here it becomes evident, that the Bourgeoisie is unfit any longer to be the ruling class in society
Und hier zeigt sich, dass die Bourgeoisie nicht mehr geeignet ist, die herrschende Klasse in der Gesellschaft zu sein
and it is unfit to impose its conditions of existence upon society as an over-riding law
und sie ist ungeeignet, der Gesellschaft ihre Existenzbedingungen als übergeordnetes Gesetz aufzuzwingen

It is unfit to rule because it is incompetent to assure an existence to its slave within his slavery
Sie ist unfähig zu herrschen, weil sie unfähig ist, ihrem Sklaven in seiner Sklaverei eine Existenz zu sichern
because it cannot help letting him sink into such a state, that it has to feed him, instead of being fed by him
denn sie kann nicht anders, als ihn in einen solchen Zustand sinken zu lassen, daß sie ihn ernähren muss, statt von ihm gefüttert zu werden
Society can no longer live under this Bourgeoisie
Die Gesellschaft kann nicht länger unter dieser Bourgeoisie leben
in other words, its existence is no longer compatible with society
Mit anderen Worten, ihre Existenz ist nicht mehr mit der Gesellschaft vereinbar

The essential condition for the existence, and for the sway of the Bourgeoisie class, is the formation and augmentation of capital
Die wesentliche Bedingung für die Existenz und die Herrschaft der Bourgeoisie Klasse ist die Bildung und Vermehrung des Kapitals
the condition for capital is wage-labour
Die Bedingung für das Kapital ist Lohnarbeit
Wage-labour rests exclusively on competition between the labourers
Die Lohnarbeit beruht ausschließlich auf der Konkurrenz zwischen den Arbeitern
The advance of industry, whose involuntary promoter is the Bourgeoisie, replaces the isolation of the labourers
Der Fortschritt der Industrie, deren unfreiwilliger Förderer die Bourgeoisie ist, tritt an die Stelle der Isolierung der Arbeiter
due to competition, due to their revolutionary combination, due to association

durch die Konkurrenz, durch ihre revolutionäre Kombination, durch die Assoziation

The development of Modern Industry cuts from under its feet the very foundation on which the Bourgeoisie produces and appropriates products

Die Entwicklung der modernen Industrie schneidet ihr die Grundlage unter den Füßen weg, auf der die Bourgeoisie Produkte produziert und sich aneignet

What the Bourgeoisie produces, above all, is its own grave-diggers

Was die Bourgeoisie vor allem produziert, sind ihre eigenen Totengräber

The fall of the Bourgeoisie and the victory of the Proletariat are equally inevitable

Der Sturz der Bourgeoisie und der Sieg des Proletariats sind gleichermaßen unvermeidlich

- Proletarians and Communists -
- Proletarier und Kommunisten -

In what relation do the Communists stand to the proletarians as a whole?

In welchem Verhältnis stehen die Kommunisten zu den Proletariern insgesamt?

The Communists do not form a separate party opposed to other working-class parties

Die Kommunisten bilden keine eigene Partei, die anderen Arbeiterparteien entgegengesetzt ist

They have no interests separate and apart from those of the proletariat as a whole

Sie haben keine Interessen, die von denen des Proletariats als Ganzes getrennt und getrennt sind

They do not set up any sectarian principles of their own, by which to shape and mould the proletarian movement

Sie stellen keine eigenen sektiererischen Prinzipien auf, nach denen sie die proletarische Bewegung formen und formen könnten

The Communists are distinguished from the other working-class parties by only two things

Die Kommunisten unterscheiden sich von den anderen Arbeiterparteien nur durch zwei Dinge

Firstly, they point out and bring to the front the common interests of the entire proletariat, independently of all nationality

Erstens: Sie weisen auf die gemeinsamen Interessen des gesamten Proletariats hin und bringen sie in den Vordergrund, unabhängig von jeder Nationalität

this they do in the national struggles of the proletarians of the different countries

Das tun sie in den nationalen Kämpfen der Proletarier der verschiedenen Länder

Secondly, they always and everywhere represent the interests of the movement as a whole

Zweitens vertreten sie immer und überall die Interessen der gesamten Bewegung

this they do in the various stages of development, which the struggle of the working class against the Bourgeoisie has to pass through

das tun sie in den verschiedenen Entwicklungsstadien, die der Kampf der Arbeiterklasse gegen die Bourgeoisie zu durchlaufen hat

The Communists, therefore, are on the one hand, practically, the most advanced and resolute section of the working-class parties of every country

Die Kommunisten sind also auf der einen Seite praktisch der fortschrittlichste und entschiedenste Teil der Arbeiterparteien eines jeden Landes

they are that section of the working class which pushes forward all others

Sie sind der Teil der Arbeiterklasse, der alle anderen vorantreibt

theoretically, they also have the advantage of clearly understanding the line of march

Theoretisch haben sie auch den Vorteil, dass sie die Marschlinie klar verstehen

this they understand better compared the great mass of the proletariat

Das verstehen sie besser im Vergleich zu der großen Masse des Proletariats

they understand the conditions, and the ultimate general results of the proletarian movement

Sie verstehen die Bedingungen und die letzten allgemeinen Ergebnisse der proletarischen Bewegung

The immediate aim of the Communist is the same as that of all the other proletarian parties

Das unmittelbare Ziel des Kommunisten ist dasselbe wie das aller anderen proletarischen Parteien

their aim is the formation of the proletariat into a class

Ihr Ziel ist die Formierung des Proletariats zu einer Klasse

they aim to overthrow the Bourgeoisie supremacy
sie zielen darauf ab, die Vorherrschaft der Bourgeoisie zu stürzen
the strive for the conquest of political power by the proletariat
das Streben nach politischer Machteroberung durch das Proletariat

The theoretical conclusions of the Communists are in no way based on ideas or principles of reformers
Die theoretischen Schlußfolgerungen der Kommunisten beruhen in keiner Weise auf Ideen oder Prinzipien der Reformer
it wasn't would-be universal reformers that invented or discovered the theoretical conclusions of the Communists
es waren keine Möchtegern-Universalreformer, die die theoretischen Schlussfolgerungen der Kommunisten erfunden oder entdeckt haben
They merely express, in general terms, actual relations springing from an existing class struggle
Sie drücken lediglich in allgemeinen Begriffen tatsächliche Verhältnisse aus, die aus einem bestehenden Klassenkampf hervorgehen
and they describe the historical movement going on under our very eyes that have created this class struggle
Und sie beschreiben die historische Bewegung, die sich unter unseren Augen abspielt und die diesen Klassenkampf hervorgebracht hat
The abolition of existing property relations is not at all a distinctive feature of Communism
Die Abschaffung bestehender Eigentumsverhältnisse ist keineswegs ein charakteristisches Merkmal des Kommunismus
All property relations in the past have continually been subject to historical change

Alle Eigentumsverhältnisse in der Vergangenheit waren einem ständigen historischen Wandel unterworfen
and these changes were consequent upon the change in historical conditions
Und diese Veränderungen waren eine Folge der Veränderung der historischen Bedingungen
The French Revolution, for example, abolished feudal property in favour of Bourgeoisie property
Die Französische Revolution zum Beispiel schaffte das Feudaleigentum zugunsten des Bourgeoisie Eigentums ab
The distinguishing feature of Communism is not the abolition of property, generally
Das Unterscheidungsmerkmal des Kommunismus ist nicht die Abschaffung des Eigentums im Allgemeinen
but the distinguishing feature of Communism is the abolition of Bourgeoisie property
aber das Unterscheidungsmerkmal des Kommunismus ist die Abschaffung des Bourgeoisie Eigentums
But modern Bourgeoisie private property is the final and most complete expression of the system of producing and appropriating products
Aber das Privateigentum der modernen Bourgeoisie ist der letzte und vollständigste Ausdruck des Systems der Produktion und Aneignung von Produkten
it is the final state of a system that is based on class antagonisms, where class antagonism is the exploitation of the many by the few
Es ist der Endzustand eines Systems, das auf Klassengegensätzen beruht, wobei der Klassenantagonismus die Ausbeutung der Vielen durch die Wenigen ist
In this sense, the theory of the Communists may be summed up in the single sentence; the Abolition of private property
In diesem Sinne läßt sich die Theorie der Kommunisten in einem einzigen Satz zusammenfassen; die Abschaffung des Privateigentums

We Communists have been reproached with the desire of abolishing the right of personally acquiring property
Uns Kommunisten hat man vorgeworfen, das Recht auf persönlichen Eigentumserwerb abschaffen zu wollen
it is claimed that this property is the fruit of a man's own labour
Es wird behauptet, dass diese Eigenschaft die Frucht der eigenen Arbeit eines Menschen ist
and this property is alleged to be the groundwork of all personal freedom, activity and independence.
Und diese Eigenschaft soll die Grundlage aller persönlichen Freiheit, Aktivität und Unabhängigkeit sein.
"Hard-won, self-acquired, self-earned property!"
"Hart erkämpftes, selbst erworbenes, selbst verdientes Eigentum!"
Do you mean the property of the petty artisan and of the small peasant?
Meinst du das Eigentum des kleinen Handwerkers und des Kleinbauern?
Do you mean a form of property that preceded the Bourgeoisie form?
Meinen Sie eine Form des Eigentums, die der Bourgeoisie Form vorausging?
There is no need to abolish that, the development of industry has to a great extent already destroyed it
Es ist nicht nötig, sie abzuschaffen, die Entwicklung der Industrie hat sie zum großen Teil bereits zerstört
and development of industry is still destroying it daily
Und die Entwicklung der Industrie zerstört sie immer noch täglich
Or do you mean modern Bourgeoisie private property?
Oder meinen Sie das moderne Bourgeoisie Privateigentum?
But does wage-labour create any property for the labourer?
Aber schafft die Lohnarbeit irgendein Eigentum für den Arbeiter?
no, wage labour creates not one bit of this kind of property!

Nein, die Lohnarbeit schafft nicht ein bisschen von dieser Art von Eigentum!

what wage labour does create is capital; that kind of property which exploits wage-labour

Was Lohnarbeit schafft, ist Kapital; jene Art von Eigentum, das Lohnarbeit ausbeutet

capital cannot increase except upon condition of begetting a new supply of wage-labour for fresh exploitation

Das Kapital kann sich nur unter der Bedingung vermehren, daß es ein neues Angebot an Lohnarbeit für neue Ausbeutung erzeugt

Property, in its present form, is based on the antagonism of capital and wage-labour

Das Eigentum in seiner jetzigen Form beruht auf dem Antagonismus von Kapital und Lohnarbeit

Let us examine both sides of this antagonism

Betrachten wir beide Seiten dieses Antagonismus

To be a capitalist is to have not only a purely personal status

Kapitalist zu sein bedeutet nicht nur, einen rein persönlichen Status zu haben

instead, to be a capitalist is also to have a social status in production

Stattdessen bedeutet Kapitalist zu sein auch, einen sozialen Status in der Produktion zu haben

because capital is a collective product; only by the united action of many members can it be set in motion

weil Kapital ein kollektives Produkt ist; Nur durch das gemeinsame Handeln vieler Mitglieder kann sie in Gang gesetzt werden

but this united action is a last resort, and actually requires all members of society

Aber dieses gemeinsame Handeln ist der letzte Ausweg und erfordert eigentlich alle Mitglieder der Gesellschaft

Capital does get converted into the property of all members of society

Das Kapital verwandelt sich in das Eigentum aller Mitglieder der Gesellschaft
but Capital is, therefore, not a personal power; it is a social power
aber das Kapital ist also keine persönliche Macht; Es ist eine gesellschaftliche Macht
so when capital is converted into social property, personal property is not thereby transformed into social property
Wenn also Kapital in gesellschaftliches Eigentum umgewandelt wird, so verwandelt sich dadurch nicht persönliches Eigentum in gesellschaftliches Eigentum
It is only the social character of the property that is changed, and loses its class-character
Nur der gesellschaftliche Charakter des Eigentums wird verändert und verliert seinen Klassencharakter

Let us now look at wage-labour
Betrachten wir nun die Lohnarbeit
The average price of wage-labour is the minimum wage, i.e., that quantum of the means of subsistence
Der Durchschnittspreis der Lohnarbeit ist der Mindestlohn, d.h. das Quantum der Lebensmittel
this wage is absolutely requisite in bare existence as a labourer
Dieser Lohn ist für die bloße Existenz als Arbeiter absolut notwendig
What, therefore, the wage-labourer appropriates by means of his labour, merely suffices to prolong and reproduce a bare existence
Was sich also der Lohnarbeiter durch seine Arbeit aneignet, genügt nur, um ein bloßes Dasein zu verlängern und zu reproduzieren
We by no means intend to abolish this personal appropriation of the products of labour
Wir beabsichtigen keineswegs, diese persönliche Aneignung der Arbeitsprodukte abzuschaffen

an appropriation that is made for the maintenance and reproduction of human life
eine Aneignung, die für die Erhaltung und Reproduktion des menschlichen Lebens bestimmt ist

such personal appropriation of the products of labour leave no surplus wherewith to command the labour of others
Eine solche persönliche Aneignung der Arbeitsprodukte lässt keinen Überschuss übrig, mit dem man die Arbeit anderer befehlen könnte

All that we want to do away with, is the miserable character of this appropriation
Alles, was wir beseitigen wollen, ist der erbärmliche Charakter dieser Aneignung

the appropriation under which the labourer lives merely to increase capital
die Aneignung, unter der der Arbeiter lebt, bloß um das Kapital zu vermehren

he is allowed to live only in so far as the interest of the ruling class requires it
Er darf nur leben, soweit es das Interesse der herrschenden Klasse erfordert

In Bourgeoisie society, living labour is but a means to increase accumulated labour
In der Bourgeoisie Gesellschaft ist die lebendige Arbeit nur ein Mittel, um die akkumulierte Arbeit zu vermehren

In Communist society, accumulated labour is but a means to widen, to enrich, to promote the existence of the labourer
In der kommunistischen Gesellschaft ist die akkumulierte Arbeit nur ein Mittel, um die Existenz des Arbeiters zu erweitern, zu bereichern und zu fördern

In Bourgeoisie society, therefore, the past dominates the present
In der Bourgeoisie Gesellschaft dominiert daher die Vergangenheit die Gegenwart

in Communist society the present dominates the past

In der kommunistischen Gesellschaft dominiert die
Gegenwart die Vergangenheit
In Bourgeoisie society capital is independent and has individuality
In der Bourgeoisie Gesellschaft ist das Kapital unabhängig und hat Individualität
In Bourgeoisie society the living person is dependent and has no individuality
In der Bourgeoisie Gesellschaft ist der lebende Mensch abhängig und hat keine Individualität
And the abolition of this state of things is called by the Bourgeoisie, abolition of individuality and freedom!
Und die Abschaffung dieses Zustandes wird von der Bourgeoisie als Abschaffung der Individualität und Freiheit bezeichnet!
And it is rightly called the abolition of individuality and freedom!
Und man nennt sie mit Recht die Abschaffung von Individualität und Freiheit!
Communism aims for the abolition of Bourgeoisie individuality
Der Kommunismus strebt die Abschaffung der Bourgeoisie Individualität an
Communism intends for the abolition of Bourgeoisie independence
Der Kommunismus strebt die Abschaffung der Unabhängigkeit der Bourgeoisie an
Bourgeoisie freedom is undoubtedly what communism is aiming at
Die BourgeoisieFreiheit ist zweifellos das, was der Kommunismus anstrebt
under the present Bourgeoisie conditions of production, freedom means free trade, free selling and buying
unter den gegenwärtigen Bourgeoisie Produktionsbedingungen bedeutet Freiheit freien Handel, freien Verkauf und freien Kauf

But if selling and buying disappears, free selling and buying also disappears
Aber wenn das Verkaufen und Kaufen verschwindet, verschwindet auch das freie Verkaufen und Kaufen
"brave words" by the Bourgeoisie about free selling and buying only have meaning in a limited sense
"Mutige Worte" der Bourgeoisie über den freien Verkauf und Kauf haben nur eine begrenzte Bedeutung
these words have meaning only in contrast with restricted selling and buying
Diese Worte haben nur im Gegensatz zu eingeschränktem Verkauf und Kauf eine Bedeutung
and these words have meaning only when applied to the fettered traders of the Middle Ages
und diese Worte haben nur dann eine Bedeutung, wenn sie auf die gefesselten Händler des Mittelalters angewandt werden
and that assumes these words even have meaning in a Bourgeoisie sense
und das setzt voraus, dass diese Worte überhaupt eine Bedeutung im Bourgeoisie Sinne haben
but these words have no meaning when they're being used to oppose the Communistic abolition of buying and selling
aber diese Worte haben keine Bedeutung, wenn sie gebraucht werden, um sich gegen die kommunistische Abschaffung des Kaufens und Verkaufens zu wehren
the words have no meaning when they're being used to oppose the Bourgeoisie conditions of production being abolished
die Worte haben keine Bedeutung, wenn sie gebraucht werden, um sich gegen die Abschaffung der Bourgeoisie Produktionsbedingungen zu wehren
and they have no meaning when they're being used to oppose the Bourgeoisie itself being abolished
und sie haben keine Bedeutung, wenn sie benutzt werden, um sich gegen die Abschaffung der Bourgeoisie selbst zu wehren

You are horrified at our intending to do away with private property
Sie sind entsetzt über unsere Absicht, das Privateigentum abzuschaffen
But in your existing society, private property is already done away with for nine-tenths of the population
Aber in eurer jetzigen Gesellschaft ist das Privateigentum für neun Zehntel der Bevölkerung bereits abgeschafft
the existence of private property for the few is solely due to its non-existence in the hands of nine-tenths of the population
Die Existenz des Privateigentums für einige wenige beruht einzig und allein darauf, dass es in den Händen von neun Zehnteln der Bevölkerung nicht existiert
You reproach us, therefore, with intending to do away with a form of property
Sie werfen uns also vor, daß wir eine Form des Eigentums abschaffen wollen
but private property necessitates the non-existence of any property for the immense majority of society
Aber das Privateigentum erfordert für die ungeheure Mehrheit der Gesellschaft die Nichtexistenz jeglichen Eigentums
In one word, you reproach us with intending to do away with your property
Mit einem Wort, Sie werfen uns vor, daß wir Ihr Eigentum beseitigen wollen
And it is precisely so; doing away with your Property is just what we intend
Und genau so ist es; Ihr Eigentum abzuschaffen, ist genau das, was wir beabsichtigen

From the moment when labour can no longer be converted into capital, money, or rent
Von dem Augenblick an, wo die Arbeit nicht mehr in Kapital, Geld oder Rente verwandelt werden kann

when labour can no longer be converted into a social power capable of being monopolised
wenn die Arbeit nicht mehr in eine gesellschaftliche Macht umgewandelt werden kann, die monopolisiert werden kann
from the moment when individual property can no longer be transformed into Bourgeoisie property
von dem Augenblick an, wo das individuelle Eigentum nicht mehr in Bourgeoisie Eigentum verwandelt werden kann
from the moment when individual property can no longer be transformed into capital
von dem Augenblick an, wo das individuelle Eigentum nicht mehr in Kapital verwandelt werden kann
from that moment, you say individuality vanishes
Von diesem Moment an sagst du, dass die Individualität verschwindet
You must, therefore, confess that by "individual" you mean no other person than the Bourgeoisie
Sie müssen also gestehen, daß Sie mit »Individuum« keine andere Person meinen als die Bourgeoisie
you must confess it specifically refers to the middle-class owner of property
Sie müssen zugeben, dass es sich speziell auf den Bourgeoisie Eigentümer von Immobilien bezieht
This person must, indeed, be swept out of the way, and made impossible
Diese Person muss in der Tat aus dem Weg geräumt und unmöglich gemacht werden
Communism deprives no man of the power to appropriate the products of society
Der Kommunismus beraubt niemanden der Macht, sich die Produkte der Gesellschaft anzueignen
all that Communism does is to deprive him of the power to subjugate the labour of others by means of such appropriation

Alles, was der Kommunismus tut, ist, ihm die Macht zu nehmen, die Arbeit anderer durch eine solche Aneignung zu unterjochen

It has been objected that upon the abolition of private property all work will cease
Man hat eingewendet, daß mit der Abschaffung des Privateigentums alle Arbeit aufhören werde
and it is then suggested that universal laziness will overtake us
Und dann wird suggeriert, dass uns die universelle Faulheit überwältigen wird
According to this, Bourgeoisie society ought long ago to have gone to the dogs through sheer idleness
Demnach hätte die BourgeoisieGesellschaft schon längst vor lauter Müßiggang vor die Hunde gehen müssen
because those of its members who work, acquire nothing
denn diejenigen ihrer Mitglieder, die arbeiten, erwerben nichts
and those of its members who acquire anything, do not work
und diejenigen von ihren Mitgliedern, die etwas erwerben, arbeiten nicht
The whole of this objection is but another expression of the tautology
Der ganze Einwand ist nur ein weiterer Ausdruck der Tautologie
there can no longer be any wage-labour when there is no longer any capital
Es kann keine Lohnarbeit mehr geben, wenn es kein Kapital mehr gibt
there is no difference between material products and mental products
Es gibt keinen Unterschied zwischen materiellen und mentalen Produkten
communism proposes both of these are produced in the same way

Der Kommunismus schlägt vor, dass beides auf die gleiche Weise produziert wird

but the objections against the Communistic modes of producing these are the same

aber die Einwände gegen die kommunistischen Produktionsweisen sind dieselben

to the Bourgeoisie the disappearance of class property is the disappearance of production itself

Für die Bourgeoisie ist das Verschwinden des Klasseneigentums das Verschwinden der Produktion selbst

so the disappearance of class culture is to him identical with the disappearance of all culture

So ist für ihn das Verschwinden der Klassenkultur identisch mit dem Verschwinden aller Kultur

That culture, the loss of which he laments, is for the enormous majority a mere training to act as a machine

Diese Kultur, deren Verlust er beklagt, ist für die überwiegende Mehrheit ein bloßes Training, um als Maschine zu agieren

Communists very much intend to abolish the culture of Bourgeoisie property

Die Kommunisten haben die Absicht, die Kultur des Bourgeoisie Eigentums abzuschaffen

But don't wrangle with us so long as you apply the standard of your Bourgeoisie notions of freedom, culture, law, etc

Aber zankt euch nicht mit uns, solange ihr den Maßstab eurer Bourgeoisie Vorstellungen von Freiheit, Kultur, Recht usw. anlegt

Your very ideas are but the outgrowth of the conditions of your Bourgeoisie production and Bourgeoisie property

Eure Ideen selbst sind nur die Auswüchse der Bedingungen eurer Bourgeoisie Produktion und eures Bourgeoisie Eigentums

just as your jurisprudence is but the will of your class made into a law for all

so wie eure Jurisprudenz nichts anderes ist als der Wille eurer Klasse, der zum Gesetz für alle gemacht wurde
the essential character and direction of this will are determined by the economical conditions your social class create
Der wesentliche Charakter und die Richtung dieses Willens werden durch die ökonomischen Bedingungen bestimmt, die Ihre soziale Klasse schafft

The selfish misconception that induces you to transform social forms into eternal laws of nature and of reason
Der selbstsüchtige Irrtum, der dich veranlaßt, soziale Formen in ewige Gesetze der Natur und der Vernunft zu verwandeln
the social forms springing from your present mode of production and form of property
die gesellschaftlichen Formen, die aus eurer gegenwärtigen Produktionsweise und Eigentumsform entspringen
historical relations that rise and disappear in the progress of production
historische Beziehungen, die im Fortschritt der Produktion auf- und verschwinden
this misconception you share with every ruling class that has preceded you
Dieses Missverständnis teilt ihr mit jeder herrschenden Klasse, die euch vorausgegangen ist
What you see clearly in the case of ancient property, what you admit in the case of feudal property
Was Sie bei antikem Eigentum klar sehen, was Sie bei feudalem Eigentum zugeben
these things you are of course forbidden to admit in the case of your own Bourgeoisie form of property
diese Dinge dürfen Sie natürlich nicht zugeben, wenn es sich um Ihre eigene BourgeoisieEigentumsform handelt

Abolition of the family! Even the most radical flare up at this infamous proposal of the Communists

Abschaffung der Familie! Selbst die Radikalsten entrüsten sich über diesen infamen Vorschlag der Kommunisten

On what foundation is the present family, the Bourgeoisie family, based?

Auf welcher Grundlage beruht die heutige Familie, die BourgeoisieFamilie?

the foundation of the present family is based on capital and private gain

Die Gründung der heutigen Familie beruht auf Kapital und privatem Gewinn

In its completely developed form this family exists only among the Bourgeoisie

In ihrer voll entwickelten Form existiert diese Familie nur unter der Bourgeoisie

this state of things finds its complement in the practical absence of the family among the proletarians

Dieser Zustand der Dinge findet seine Ergänzung in der praktischen Abwesenheit der Familie bei den Proletariern

this state of things can be found in public prostitution

Dieser Zustand ist in der öffentlichen Prostitution zu finden

The Bourgeoisie family will vanish as a matter of course when its complement vanishes

Die BourgeoisieFamilie wird wie selbstverständlich verschwinden, wenn ihr Komplement verschwindet

and both of these will will vanish with the vanishing of capital

Und beides wird mit dem Verschwinden des Kapitals verschwinden

Do you charge us with wanting to stop the exploitation of children by their parents?

Werfen Sie uns vor, dass wir die Ausbeutung von Kindern durch ihre Eltern stoppen wollen?

To this crime we plead guilty

Diesem Verbrechen bekennen wir uns schuldig

But, you will say, we destroy the most hallowed of relations, when we replace home education by social education

Aber, werden Sie sagen, wir zerstören die heiligsten
Beziehungen, wenn wir die häusliche Erziehung durch die
soziale Erziehung ersetzen

**is your education not also social? And is it not determined
by the social conditions under which you educate?**

Ist Ihre Erziehung nicht auch sozial? Und wird sie nicht von
den gesellschaftlichen Bedingungen bestimmt, unter denen
man erzieht?

**by the intervention, direct or indirect, of society, by means
of schools, etc.**

durch direkte oder indirekte Eingriffe in die Gesellschaft,
durch Schulen usw.

**The Communists have not invented the intervention of
society in education**

Die Kommunisten haben die Einmischung der Gesellschaft in
die Erziehung nicht erfunden

they do but seek to alter the character of that intervention

Sie versuchen lediglich, den Charakter dieses Eingriffs zu
ändern

**and they seek to rescue education from the influence of the
ruling class**

Und sie versuchen, das Bildungswesen vor dem Einfluss der
herrschenden Klasse zu retten

**The Bourgeoisie talk of the hallowed co-relation of parent
and child**

Die Bourgeoisie spricht von der geheiligten Beziehung von
Eltern und Kind

**but this clap-trap about the family and education becomes
all the more disgusting when we look at Modern Industry**

aber dieses Geschwätz über die Familie und die Erziehung
wird um so widerwärtiger, wenn wir die moderne Industrie
betrachten

**all family ties among the proletarians are torn asunder by
modern industry**

Alle Familienbande unter den Proletariern werden durch die
moderne Industrie zerrissen

their children are transformed into simple articles of commerce and instruments of labour
ihre Kinder werden zu einfachen Handelsartikeln und Arbeitsinstrumenten

But you Communists would create a community of women, screams the whole Bourgeoisie in chorus
Aber ihr Kommunisten würdet eine Gemeinschaft von Frauen schaffen, schreit die ganze Bourgeoisie im Chor

The Bourgeoisie sees in his wife a mere instrument of production
Die Bourgeoisie sieht in seiner Frau ein bloßes Produktionsinstrument

He hears that the instruments of production are to be exploited by all
Er hört, dass die Produktionsmittel von allen ausgebeutet werden sollen

and, naturally, he can come to no other conclusion than that the lot of being common to all will likewise fall to women
Und natürlich kann er zu keinem anderen Schluß kommen, als daß das Los, allen gemeinsam zu sein, auch den Frauen zufallen wird

He has not even a suspicion that the real point is to do away with the status of women as mere instruments of production
Er hat nicht einmal den geringsten Verdacht, dass es in Wirklichkeit darum geht, die Stellung der Frau als bloße Produktionsinstrumente abzuschaffen

For the rest, nothing is more ridiculous than the virtuous indignation of our Bourgeoisie at the community of women
Im übrigen ist nichts lächerlicher als die tugendhafte Empörung unserer Bourgeoisie über die Gemeinschaft der Frauen

they pretend it is to be openly and officially established by the Communists
sie tun so, als ob sie von den Kommunisten offen und offiziell eingeführt werden sollte

The Communists have no need to introduce community of women, it has existed almost from time immemorial
Die Kommunisten haben es nicht nötig, die Gemeinschaft der Frauen einzuführen, sie existiert fast seit undenklichen Zeiten
Our Bourgeoisie are not content with having the wives and daughters of their proletarians at their disposal
Unsere Bourgeoisie begnügt sich nicht damit, die Frauen und Töchter ihrer Proletarier zur Verfügung zu haben
they take the greatest pleasure in seducing each other's wives
Sie haben das größte Vergnügen daran, ihre Frauen gegenseitig zu verführen
and that is not even to speak of common prostitutes
Und das ist noch nicht einmal von gewöhnlichen Prostituierten zu sprechen
Bourgeoisie marriage is in reality a system of wives in common
Die BourgeoisieEhe ist in Wirklichkeit ein System gemeinsamer Ehefrauen
then there is one thing that the Communists might possibly be reproached with
dann gibt es eine Sache, die man den Kommunisten vielleicht vorwerfen könnte
they desire to introduce an openly legalised community of women
Sie wollen eine offen legalisierte Gemeinschaft von Frauen einführen
rather than a hypocritically concealed community of women
statt einer heuchlerisch verhüllten Gemeinschaft von Frauen
the community of women springing from the system of production
Die Gemeinschaft der Frauen, die aus dem Produktionssystem hervorgegangen ist
abolish the system of production, and you abolish the community of women

Schafft das Produktionssystem ab, und ihr schafft die
Gemeinschaft der Frauen ab
both public prostitution is abolished, and private prostitution
Sowohl die öffentliche Prostitution als auch die private Prostitution wird abgeschafft

The Communists are further more reproached with desiring to abolish countries and nationality
Den Kommunisten wird noch dazu vorgeworfen, sie wollten Länder und Nationalitäten abschaffen
The working men have no country, so we cannot take from them what they have not got
Die Arbeiter haben kein Vaterland, also können wir ihnen nicht nehmen, was sie nicht haben
the proletariat must first of all acquire political supremacy
Das Proletariat muss vor allem die politische Herrschaft erlangen
the proletariat must rise to be the leading class of the nation
Das Proletariat muss sich zur führenden Klasse der Nation erheben
the proletariat must constitute itself the nation
Das Proletariat muss sich zur Nation konstituieren
it is, so far, itself national, though not in the Bourgeoisie sense of the word
sie ist bis jetzt selbst national, wenn auch nicht im Bourgeoisie Sinne des Wortes
National differences and antagonisms between peoples are daily more and more vanishing
Nationale Unterschiede und Gegensätze zwischen den Völkern verschwinden täglich mehr und mehr
owing to the development of the Bourgeoisie, to freedom of commerce, to the world-market
der Entwicklung der Bourgeoisie, der Freiheit des Handels, des Weltmarktes

to uniformity in the mode of production and in the conditions of life corresponding thereto
zur Gleichförmigkeit der Produktionsweise und der ihr entsprechenden Lebensbedingungen

The supremacy of the proletariat will cause them to vanish still faster
Die Herrschaft des Proletariats wird sie noch schneller verschwinden lassen

United action, of the leading civilised countries at least, is one of the first conditions for the emancipation of the proletariat
Die einheitliche Aktion, wenigstens der führenden zivilisierten Länder, ist eine der ersten Bedingungen für die Befreiung des Proletariats

In proportion as the exploitation of one individual by another is put an end to, the exploitation of one nation by another will also be put an end to
In dem Maße, wie der Ausbeutung eines Individuums durch ein anderes ein Ende gesetzt wird, wird auch der Ausbeutung einer Nation durch eine andere ein Ende gesetzt.

In proportion as the antagonism between classes within the nation vanishes, the hostility of one nation to another will come to an end
In dem Maße, wie der Antagonismus zwischen den Klassen innerhalb der Nation verschwindet, wird die Feindschaft einer Nation gegen die andere ein Ende haben

The charges against Communism made from a religious, a philosophical, and, generally, from an ideological standpoint, are not deserving of serious examination
Die Anschuldigungen gegen den Kommunismus, die von einem religiösen, philosophischen und allgemein von einem ideologischen Standpunkt aus erhoben werden, verdienen keine ernsthafte Prüfung

Does it require deep intuition to comprehend that man's ideas, views and conceptions changes with every change in the conditions of his material existence?
Braucht es eine tiefe Intuition, um zu begreifen, dass sich die Ideen, Ansichten und Vorstellungen des Menschen mit jeder Veränderung der Bedingungen seiner materiellen Existenz ändern?
is it not obvious that man's consciousness changes when his social relations and his social life changes?
Ist es nicht offensichtlich, dass das Bewusstsein des Menschen sich Verändert, wenn seine sozialen Beziehungen und sein soziales Leben ändern?
What else does the history of ideas prove, than that intellectual production changes its character in proportion as material production is changed?
Was beweist die Ideengeschichte anderes, als daß die geistige Produktion ihren Charakter in dem Maße ändert, wie die materielle Produktion verändert wird?
The ruling ideas of each age have ever been the ideas of its ruling class
Die herrschenden Ideen eines jeden Zeitalters waren immer die Ideen seiner herrschenden Klasse
When people speak of ideas that revolutionise society, they do but express one fact
Wenn Menschen von Ideen sprechen, die die Gesellschaft revolutionieren, drücken sie nur eine Tatsache aus
within the old society, the elements of a new one have been created
Innerhalb der alten Gesellschaft wurden die Elemente einer neuen geschaffen
and that the dissolution of the old ideas keeps even pace with the dissolution of the old conditions of existence
und daß die Auflösung der alten Ideen mit der Auflösung der alten Daseinsverhältnisse Schritt hält
When the ancient world was in its last throes, the ancient religions were overcome by Christianity

Als die Antike in den letzten Zügen lag, wurden die alten Religionen vom Christentum überwunden

When Christian ideas succumbed in the 18th century to rationalist ideas, feudal society fought its death battle with the then revolutionary Bourgeoisie

Als die christlichen Ideen im 18. Jahrhundert den rationalistischen Ideen erlagen, kämpfte die feudale Gesellschaft ihren Todeskampf mit der damals revolutionären Bourgeoisie

The ideas of religious liberty and freedom of conscience merely gave expression to the sway of free competition within the domain of knowledge

Die Ideen der Religions- und Gewissensfreiheit brachten lediglich die Herrschaft des freien Wettbewerbs auf dem Gebiet des Wissens zum Ausdruck

"Undoubtedly," it will be said, "religious, moral, philosophical and juridical ideas have been modified in the course of historical development"

"Zweifellos", wird man sagen, "sind religiöse, moralische, philosophische und juristische Ideen im Laufe der geschichtlichen Entwicklung modifiziert worden"

"But religion, morality philosophy, political science, and law, constantly survived this change"

"Aber Religion, Moralphilosophie, Politikwissenschaft und Recht überlebten diesen Wandel ständig."

"There are also eternal truths, such as Freedom, Justice, etc"

"Es gibt auch ewige Wahrheiten, wie Freiheit, Gerechtigkeit usw."

"these eternal truths are common to all states of society"

"Diese ewigen Wahrheiten sind allen Zuständen der Gesellschaft gemeinsam"

"But Communism abolishes eternal truths, it abolishes all religion, and all morality"

"Aber der Kommunismus schafft die ewigen Wahrheiten ab, er schafft alle Religion und alle Moral ab."

"it does this instead of constituting them on a new basis"

"Sie tut dies, anstatt sie auf einer neuen Grundlage zu konstituieren"
"it therefore acts in contradiction to all past historical experience"
"Sie handelt daher im Widerspruch zu allen bisherigen historischen Erfahrungen"
What does this accusation reduce itself to?
Worauf reduziert sich dieser Vorwurf?
The history of all past society has consisted in the development of class antagonisms
Die Geschichte aller vergangenen Gesellschaften hat in der Entwicklung von Klassengegensätzen bestanden
antagonisms that assumed different forms at different epochs
Antagonismen, die in verschiedenen Epochen unterschiedliche Formen annahmen
But whatever form they may have taken, one fact is common to all past ages
Aber welche Form sie auch immer angenommen haben mögen, eine Tatsache ist allen vergangenen Zeitaltern gemeinsam
the exploitation of one part of society by the other
die Ausbeutung eines Teils der Gesellschaft durch den anderen

No wonder, then, that the social consciousness of past ages moves within certain common forms, or general ideas
Kein Wunder also, dass sich das gesellschaftliche Bewußtsein vergangener Zeiten innerhalb gewisser allgemeiner Formen oder allgemeiner Vorstellungen bewegt
(and that is despite all the multiplicity and variety it displays)
(und das trotz aller Vielfalt und Vielfalt, die es zeigt)
and these cannot completely vanish except with the total disappearance of class antagonisms

Und diese können nur mit dem gänzlichen Verschwinden der Klassengegensätze völlig verschwinden

The Communist revolution is the most radical rupture with traditional property relations

Die kommunistische Revolution ist der radikalste Bruch mit den traditionellen Eigentumsverhältnissen

no wonder that its development involves the most radical rupture with traditional ideas

Kein Wunder, dass ihre Entwicklung den radikalsten Bruch mit den traditionellen Vorstellungen mit sich bringt

But let us have done with the Bourgeoisie objections to Communism

Aber lassen wir die Einwände der Bourgeoisie gegen den Kommunismus hinter uns

We have seen above the first step in the revolution by the working class

Wir haben oben den ersten Schritt der Arbeiterklasse in der Revolution gesehen

proletariat has to be raised to the position of ruling, to win the battle of democracy

Das Proletariat muss zur Herrschaft erhoben werden, um den Kampf der Demokratie zu gewinnen

The proletariat will use its political supremacy to wrest, by degrees, all capital from the Bourgeoisie

Das Proletariat wird seine politische Vorherrschaft benutzen, um der Bourgeoisie nach und nach alles Kapital zu entreißen

it will centralise all instruments of production in the hands of the State

sie wird alle Produktionsmittel in den Händen des Staates zentralisieren

in other words, the proletariat organised as the ruling class

Mit anderen Worten, das Proletariat organisierte sich als herrschende Klasse

and it will increase the total of productive forces as rapidly as possible

Und sie wird die Summe der Produktivkräfte so schnell wie möglich vermehren

Of course, in the beginning, this cannot be effected except by means of despotic inroads on the rights of property

Natürlich kann dies anfangs nur durch despotische Eingriffe in die Eigentumsrechte geschehen

and it has to be achieved on the conditions of Bourgeoisie production

und sie muss unter den Bedingungen der Bourgeoisie Produktion erreicht werden

it is achieved by means of measures, therefore, which appear economically insufficient and untenable

Sie wird also durch Maßnahmen erreicht, die wirtschaftlich unzureichend und unhaltbar erscheinen

but these means, in the course of the movement, outstrip themselves

aber diese Mittel überflügeln sich im Laufe der Bewegung selbst

they necessitate further inroads upon the old social order

sie erfordern weitere Eingriffe in die alte Gesellschaftsordnung

and they are unavoidable as a means of entirely revolutionising the mode of production

und sie sind unvermeidlich, um die Produktionsweise völlig zu revolutionieren

These measures will of course be different in different countries

Diese Maßnahmen werden natürlich in den verschiedenen Ländern unterschiedlich sein

Nevertheless in the most advanced countries, the following will be pretty generally applicable

Nichtsdestotrotz wird in den am weitesten fortgeschrittenen Ländern das Folgende ziemlich allgemein anwendbar sein

1. Abolition of property in land and application of all rents of land to public purposes.
1. Abschaffung des Grundeigentums und Verwendung aller Grundrenten für öffentliche Zwecke.
2. A heavy progressive or graduated income tax.
2. Eine hohe progressive oder abgestufte Einkommensteuer.
3. Abolition of all right of inheritance.
3. Abschaffung jeglichen Erbrechts.
4. Confiscation of the property of all emigrants and rebels.
4. Konfiskation des Eigentums aller Emigranten und Rebellen.
5. Centralisation of credit in the hands of the State, by means of a national bank with State capital and an exclusive monopoly.
5. Zentralisierung des Kredits in den Händen des Staates durch eine Nationalbank mit staatlichem Kapital und ausschließlichem Monopol.
6. Centralisation of the means of communication and transport in the hands of the State.
6. Zentralisierung der Kommunikations- und Transportmittel in den Händen des Staates.
7. Extension of factories and instruments of production owned by the State
7. Ausbau der Fabriken und Produktionsmittel im Eigentum des Staates
the bringing into cultivation of waste-lands, and the improvement of the soil generally in accordance with a common plan.
die Kultivierung von Ödland und die Verbesserung des Bodens überhaupt nach einem gemeinsamen Plan.
8. Equal liability of all to labour
8. Gleiche Haftung aller für die Arbeit
Establishment of industrial armies, especially for agriculture.
Aufbau von Industriearmeen, vor allem für die Landwirtschaft.
9. Combination of agriculture with manufacturing industries

9. Kombination der Landwirtschaft mit dem verarbeitenden Gewerbe

gradual abolition of the distinction between town and country, by a more equable distribution of the population over the country.

allmähliche Aufhebung der Unterscheidung zwischen Stadt und Land durch eine gleichmäßigere Verteilung der Bevölkerung über das Land.

10. Free education for all children in public schools.

10. Kostenlose Bildung für alle Kinder in öffentlichen Schulen.

Abolition of children's factory labour in its present form

Abschaffung der Kinderfabrikarbeit in ihrer jetzigen Form

Combination of education with industrial production

Kombination von Bildung und industrieller Produktion

When, in the course of development, class distinctions have disappeared

Wenn im Laufe der Entwicklung die Klassenunterschiede verschwunden sind

and when all production has been concentrated in the hands of a vast association of the whole nation

und wenn die ganze Produktion in den Händen einer ungeheuren Assoziation der ganzen Nation konzentriert ist

then the public power will lose its political character

dann verliert die Staatsgewalt ihren politischen Charakter

Political power, properly so called, is merely the organised power of one class for oppressing another

Politische Macht, eigentlich so genannt, ist nichts anderes als die organisierte Macht einer Klasse, um eine andere zu unterdrücken

If the proletariat during its contest with the Bourgeoisie is compelled, by the force of circumstances, to organise itself as a class

Wenn das Proletariat in seinem Kampf mit der Bourgeoisie durch die Gewalt der Umstände gezwungen ist, sich als Klasse zu organisieren

if, by means of a revolution, it makes itself the ruling class
wenn sie sich durch eine Revolution zur herrschenden Klasse macht
and, as such, it sweeps away by force the old conditions of production
und als solche fegt sie mit Gewalt die alten Produktionsbedingungen hinweg
then it will, along with these conditions, have swept away the conditions for the existence of class antagonisms and of classes generally
dann wird sie mit diesen Bedingungen auch die Bedingungen für die Existenz der Klassengegensätze und der Klassen überhaupt hinweggefegt haben
and will thereby have abolished its own supremacy as a class.
und wird damit seine eigene Vorherrschaft als Klasse aufgehoben haben.
In place of the old Bourgeoisie society, with its classes and class antagonisms, we shall have an association
An die Stelle der alten Bourgeoisie Gesellschaft mit ihren Klassen und Klassengegensätzen treten eine Assoziation
an association in which the free development of each is the condition for the free development of all
eine Assoziation, in der die freie Entwicklung eines jeden die Bedingung für die freie Entwicklung aller ist

1) Reactionary Socialism
1) Reaktionärer Sozialismus

***

a) Feudal Socialism
a) Feudaler Sozialismus

the aristocracies of France and England had a unique historical position
die Aristokratien Frankreichs und Englands hatten eine einzigartige historische Stellung

it became their vocation to write pamphlets against modern Bourgeoisie society
es wurde zu ihrer Berufung, Pamphlete gegen die moderne Boureoisie Gesellschaft zu schreiben

In the French revolution of July 1830, and in the English reform agitation
In der französischen Revolution vom Juli 1830 und in der englischen Reformagitation

these aristocracies again succumbed to the hateful upstart
Diese Aristokratien erlagen wieder dem hasserfüllten Emporkömmling

Thenceforth, a serious political contest was altogether out of the question
An eine ernsthafte politische Auseinandersetzung war fortan nicht mehr zu denken

All that remained possible was literary battle, not an actual battle
Alles, was möglich blieb, war eine literarische Schlacht, keine wirkliche Schlacht

But even in the domain of literature the old cries of the restoration period had become impossible
Aber auch auf dem Gebiet der Literatur waren die alten Schreie der Restaurationszeit unmöglich geworden

In order to arouse sympathy, the aristocracy were obliged to lose sight, apparently, of their own interests

Um Sympathie zu erregen, mußte die Aristokratie offenbar ihre eigenen Interessen aus den Augen verlieren

and they were obliged to formulate their indictment against the Bourgeoisie in the interest of the exploited working class

und sie waren gezwungen, ihre Anklage gegen die Bourgeoisie im Interesse der ausgebeuteten Arbeiterklasse zu formulieren

Thus the aristocracy took their revenge by singing lampoons on their new master

So rächte sich die Aristokratie, indem sie ihren neuen Herrn verspottete

and they took their revenge by whispering in his ears sinister prophecies of coming catastrophe

Und sie rächten sich, indem sie ihm unheimliche Prophezeiungen über die kommende Katastrophe ins Ohr flüsterten

In this way arose Feudal Socialism: half lamentation, half lampoon

So entstand der feudale Sozialismus: halb Klage, halb Spott

it rung as half echo of the past, and projected half menace of the future

Es klang halb wie ein Echo der Vergangenheit und projizierte halb die Bedrohung der Zukunft

at times, by its bitter, witty and incisive criticism, it struck the Bourgeoisie to the very heart's core

zuweilen traf sie durch ihre bittere, geistreiche und scharfe Kritik die Bourgeoisie bis ins Mark

but it was always ludicrous in its effect, through total incapacity to comprehend the march of modern history

aber es war immer lächerlich in seiner Wirkung, weil es völlig unfähig war, den Gang der neueren Geschichte zu begreifen

The aristocracy, in order to rally the people to them, waved the proletarian alms-bag in front for a banner

Die Aristokratie schwenkte, um das Volk um sich zu scharen, den proletarischen Almosensack als Banner

But the people, so often as it joined them, saw on their hindquarters the old feudal coats of arms
Aber das Volk, so oft es sich zu ihnen gesellte, sah auf seinem Hinterteil die alten Feudalwappen
and they deserted with loud and irreverent laughter
Und sie verließen mit lautem und respektlosem Gelächter
One section of the French Legitimists and "Young England" exhibited this spectacle
Ein Teil der französischen Legitimisten und des "jungen Englands" zeigte dieses Schauspiel
the feudalists pointed out that their mode of exploitation was different to that of the Bourgeoisie
die Feudalisten wiesen darauf hin, dass ihre Ausbeutungsweise eine andere sei als die der Bourgeoisie
the feudalists forget that they exploited under circumstances and conditions that were quite different
Die Feudalisten vergessen, dass sie unter ganz anderen Umständen und Bedingungen ausgebeutet haben
and they didn't notice such methods of exploitation are now antiquated
Und sie haben nicht bemerkt, dass solche Methoden der Ausbeutung heute veraltet sind
they showed that, under their rule, the modern proletariat never existed
Sie zeigten, dass unter ihrer Herrschaft das moderne Proletariat nie existiert hat
but they forget that the modern Bourgeoisie is the necessary offspring of their own form of society
aber sie vergessen, daß die moderne Bourgeoisie der notwendige Sprößling ihrer eigenen Gesellschaftsform ist
For the rest, they hardly conceal the reactionary character of their criticism
Im übrigen verbergen sie kaum den reaktionären Charakter ihrer Kritik
their chief accusation against the Bourgeoisie amounts to the following

ihre Hauptanklage gegen die Bourgeoisie läuft auf folgendes hinaus

under the Bourgeoisie regime a social class is being developed

unter dem Boureoisie Regime entwickelt sich eine soziale Klasse

this social class is destined to cut up root and branch the old order of society

Diese soziale Klasse ist dazu bestimmt, die alte Gesellschaftsordnung an der Wurzel zu zerschneiden

What they upbraid the Bourgeoisie with is not so much that it creates a proletariat

Womit sie die Bourgeoisie aufpeppen, ist nicht so sehr, dass sie ein Proletariat schafft

what they upbraid the Bourgeoisie with is moreso that it creates a revolutionary proletariat

womit sie die Bourgeoisie aufpeppen, ist mehr, dass sie ein revolutionäres Proletariat schafft

In political practice, therefore, they join in all coercive measures against the working class

In der politischen Praxis beteiligen sie sich daher an allen Zwangsmaßnahmen gegen die Arbeiterklasse

and in ordinary life, despite their highfalutin phrases, they stoop to pick up the golden apples dropped from the tree of industry

Und im gewöhnlichen Leben bücken sie sich, trotz ihrer hochtrabenden Phrasen, um die goldenen Äpfel aufzuheben, die vom Baum der Industrie fallen gelassen wurden

and they barter truth, love, and honour for commerce in wool, beetroot-sugar, and potato spirits

Und sie tauschen Wahrheit, Liebe und Ehre gegen den Handel mit Wolle, Rote-Bete-Zucker und Kartoffelbränden

As the parson has ever gone hand in hand with the landlord, so has Clerical Socialism with Feudal Socialism

Wie der Pfarrer immer Hand in Hand mit dem Gutsherrn gegangen ist, so ist es der klerikale Sozialismus mit dem feudalen Sozialismus getan

Nothing is easier than to give Christian asceticism a Socialist tinge

Nichts ist leichter, als der christlichen Askese einen sozialistischen Anstrich zu geben

Has not Christianity declaimed against private property, against marriage, against the State?

Hat nicht das Christentum gegen das Privateigentum, gegen die Ehe, gegen den Staat deklamiert?

Has Christianity not preached in the place of these, charity and poverty?

Hat das Christentum nicht an die Stelle dieser Nächstenliebe und Armut getreten?

Does Christianity not preach celibacy and mortification of the flesh, monastic life and Mother Church?

Predigt das Christentum nicht den Zölibat und die Abtötung des Fleisches, das monastische Leben und die Mutter Kirche?

Christian Socialism is but the holy water with which the priest consecrates the heart-burnings of the aristocrat

Der christliche Sozialismus ist nur das Weihwasser, mit dem der Priester das Herzbrennen des Aristokraten weiht

b) Petty-Bourgeois Socialism
b) Kleinbourgeoisie Sozialismus

The feudal aristocracy was not the only class that was ruined by the Bourgeoisie
Die feudale Aristokratie war nicht die einzige Klasse, die von der Bourgeoisie ruiniert wurde
it was not the only class whose conditions of existence pined and perished in the atmosphere of modern Bourgeoisie society
sie war nicht die einzige Klasse, deren Existenzbedingungen in der Atmosphäre der modernen Bourgeoisie Gesellschaft schmachten und zugrunde gingen
The medieval burgesses and the small peasant proprietors were the precursors of the modern Bourgeoisie
Die mittelalterliche Bürgerschaft und die kleinbäuerlichen Eigentümer waren die Vorläufer des modernen Bourgeoisie
In those countries which are but little developed, industrially and commercially, these two classes still vegetate side by side
In den Ländern, die industriell und kommerziell nur wenig entwickelt sind, vegetieren diese beiden Klassen noch Seite an Seite
and in the meantime the Bourgeoisie rise up next to them: industrially, commercially, and politically
und in der Zwischenzeit erhebt sich die Bourgeoisie neben ihnen: industriell, kommerziell und politisch
In countries where modern civilisation has become fully developed, a new class of petty Bourgeoisie has been formed
In den Ländern, in denen die moderne Zivilisation voll entwickelt ist, hat sich eine neue Klasse des Kleinbourgeoisie gebildet
this new social class fluctuates between proletariat and Bourgeoisie
diese neue soziale Klasse schwankt zwischen Proletariat und Bourgeoisie

and it is ever renewing itself as a supplementary part of Bourgeoisie society
und sie erneuert sich ständig als ergänzender Teil der Bourgeoisie Gesellschaft
The individual members of this class, however, are being constantly hurled down into the proletariat
Die einzelnen Glieder dieser Klasse aber werden fortwährend in das Proletariat hinabgeschleudert
they are sucked up by the proletariat through the action of competition
sie werden vom Proletariat durch die Einwirkung der Konkurrenz aufgesaugt
as modern industry develops they even see the moment approaching when they will completely disappear as an independent section of modern society
In dem Maße, wie sich die moderne Industrie entwickelt, sehen sie sogar den Augenblick herannahen, in dem sie als eigenständiger Teil der modernen Gesellschaft völlig verschwinden wird
they will be replaced, in manufactures, agriculture and commerce, by overlookers, bailiffs and shopmen
Sie werden in der Manufaktur, in der Landwirtschaft und im Handel durch Aufseher, Gerichtsvollzieher und Krämer ersetzt werden
In countries like France, where the peasants constitute far more than half of the population
In Ländern wie Frankreich, wo die Bauern weit mehr als die Hälfte der Bevölkerung ausmachen
it was natural that there there are writers who sided with the proletariat against the Bourgeoisie
es war natürlich, dass es Schriftsteller gab, die sich auf die Seite des Proletariats gegen die Bourgeoisie stellten
in their criticism of the Bourgeoisie regime they used the standard of the peasant and petty Bourgeoisie
in ihrer Kritik am Bourgeoisie Regime benutzten sie den Maßstab des Bauern- und Kleinbourgeoisie

and from the standpoint of these intermediate classes they take up the cudgels for the working class
Und vom Standpunkt dieser Zwischenklassen aus ergreifen sie die Keule für die Arbeiterklasse
Thus arose petty-Bourgeoisie Socialism, of which Sismondi was the head of this school, not only in France but also in England
So entstand der Kleinbourgeoisie Sozialismus, dessen Haupt Sismondi nicht nur in Frankreich, sondern auch in England war

This school of Socialism dissected with great acuteness the contradictions in the conditions of modern production
Diese Schule des Sozialismus sezierte mit großer Schärfe die Widersprüche in den Bedingungen der modernen Produktion
This school laid bare the hypocritical apologies of economists
Diese Schule entlarvte die heuchlerischen Entschuldigungen der Ökonomen
This school proved, incontrovertibly, the disastrous effects of machinery and division of labour
Diese Schule bewies unwiderlegbar die verheerenden Auswirkungen der Maschinerie und der Arbeitsteilung
it proved the concentration of capital and land in a few hands
Es bewies die Konzentration von Kapital und Grund und Boden in wenigen Händen
it proved how overproduction leads to Bourgeoisie crises
sie bewies, wie Überproduktion zu Bourgeoisie-Krisen führt
it pointed out the inevitable ruin of the petty Bourgeoisie and peasant
sie wies auf den unvermeidlichen Ruin des Kleinbourgeoisie' und der Bauern hin
the misery of the proletariat, the anarchy in production, the crying inequalities in the distribution of wealth

das Elend des Proletariats, die Anarchie in der Produktion, die schreiende Ungleichheit in der Verteilung des Reichtums
it showed how the system of production leads the industrial war of extermination between nations
Er zeigte, wie das Produktionssystem den industriellen Vernichtungskrieg zwischen den Nationen führt
the dissolution of old moral bonds, of the old family relations, of the old nationalities
die Auflösung der alten sittlichen Bande, der alten Familienverhältnisse, der alten Nationalitäten

In its positive aims, however, this form of Socialism aspires to achieve one of two things
In ihren positiven Zielen strebt diese Form des Sozialismus jedoch eines von zwei Dingen an
either it aims to restore the old means of production and of exchange
Entweder zielt sie darauf ab, die alten Produktions- und Tauschmittel wiederherzustellen
and with the old means of production it would restore the old property relations, and the old society
und mit den alten Produktionsmitteln würde sie die alten Eigentumsverhältnisse und die alte Gesellschaft wiederherstellen
or it aims to cramp the modern means of production and exchange into the old framework of the property relations
oder sie zielt darauf ab, die modernen Produktions- und Austauschmittel in den alten Rahmen der Eigentumsverhältnisse zu zwängen
In either case, it is both reactionary and Utopian
In beiden Fällen ist es sowohl reaktionär als auch utopisch
Its last words are: corporate guilds for manufacture, patriarchal relations in agriculture
Seine letzten Worte lauten: Korporativzünfte für die Manufaktur, patriarchalische Verhältnisse in der Landwirtschaft

Ultimately, when stubborn historical facts had dispersed all intoxicating effects of self-deception
Schließlich, als hartnäckige historische Tatsachen alle berauschenden Wirkungen der Selbsttäuschung zerstreut hatten,
this form of Socialism ended in a miserable fit of pity
diese Form des Sozialismus endete in einem elenden Anfall von Mitleid

c) German, or "True" Socialism
c) Deutscher oder "wahrer" Sozialismus

The Socialist and Communist literature of France originated under the pressure of a Bourgeoisie in power
Die sozialistische und kommunistische Literatur Frankreichs entstand unter dem Druck einer herrschenden Bourgeoisie
and this literature was the expression of the struggle against this power
Und diese Literatur war der Ausdruck des Kampfes gegen diese Macht
it was introduced into Germany at a time when the Bourgeoisie had just begun its contest with feudal absolutism
sie wurde in Deutschland zu einer Zeit eingeführt, als die Bourgeoisie gerade ihren Kampf mit dem feudalen Absolutismus begonnen hatte
German philosophers, would-be philosophers, and beaux esprits, eagerly seized on this literature
Deutsche Philosophen, Möchtegern-Philosophen und Beaux Esprits griffen begierig zu dieser Literatur
but they forgot that the writings immigrated from France into Germany without bringing the French social conditions along
aber sie vergaßen, daß die Schriften aus Frankreich nach Deutschland einwanderten, ohne die französischen Gesellschaftsverhältnisse mitzubringen
In contact with German social conditions, this French literature lost all its immediate practical significance
Im Kontakt mit den deutschen gesellschaftlichen Verhältnissen verlor diese französische Literatur ihre unmittelbare praktische Bedeutung
and the Communist literature of France assumed a purely literary aspect in German academic circles

und die kommunistische Literatur Frankreichs nahm in
deutschen akademischen Kreisen einen rein literarischen
Aspekt an

**Thus, the demands of the first French Revolution were
nothing more than the demands of "Practical Reason"**

So waren die Forderungen der ersten Französischen
Revolution nichts anderes als die Forderungen der
"praktischen Vernunft"

**and the utterance of the will of the revolutionary French
Bourgeoisie signified in their eyes the law of pure Will**

und die Willensäußerung der revolutionären französischen
Bourgeoisie bedeutete in ihren Augen das Gesetz des reinen
Willens

**it signified Will as it was bound to be; of true human Will
generally**

es bedeutete den Willen, wie er sein mußte; des wahren
menschlichen Willens überhaupt

**The world of the German literati consisted solely in
bringing the new French ideas into harmony with their
ancient philosophical conscience**

Die Welt der deutschen Literaten bestand einzig und allein
darin, die neuen französischen Ideen mit ihrem alten
philosophischen Gewissen in Einklang zu bringen

**or rather, they annexed the French ideas without deserting
their own philosophic point of view**

oder vielmehr, sie annektierten die französischen Ideen, ohne
ihren eigenen philosophischen Standpunkt aufzugeben

**This annexation took place in the same way in which a
foreign language is appropriated, namely, by translation**

Diese Annexion vollzog sich auf die gleiche Weise, wie man
sich eine Fremdsprache aneignet, nämlich durch Übersetzung

**It is well known how the monks wrote silly lives of Catholic
Saints over manuscripts**

Es ist bekannt, wie die Mönche alberne Leben katholischer
Heiliger über Manuskripte schrieben

the manuscripts on which the classical works of ancient heathendom had been written
die Manuskripte, auf denen die klassischen Werke des antiken Heidentums geschrieben waren
The German literati reversed this process with the profane French literature
Die deutschen Literaten kehrten diesen Prozess mit der profanen französischen Literatur um
They wrote their philosophical nonsense beneath the French original
Sie schrieben ihren philosophischen Unsinn unter das französische Original
For instance, beneath the French criticism of the economic functions of money, they wrote "Alienation of Humanity"
Zum Beispiel schrieben sie unter der französischen Kritik an den ökonomischen Funktionen des Geldes "Entfremdung der Menschheit"
beneath the French criticism of the Bourgeoisie State they wrote "dethronement of the Category of the General"
unter die französische Kritik am Bourgeoisie Staat schrieben sie "Entthronung der Kategorie des Generals"
The introduction of these philosophical phrases at the back of the French historical criticisms they dubbed:
Die Einführung dieser philosophischen Phrasen hinter der französischen Geschichtskritik nannten sie:
"Philosophy of Action," "True Socialism," "German Science of Socialism," "Philosophical Foundation of Socialism," and so on
"Philosophie des Handelns", "Wahrer Sozialismus", "Deutsche Sozialismuswissenschaft", "Philosophische Grundlagen des Sozialismus" und so weiter
The French Socialist and Communist literature was thus completely emasculated
Die französische sozialistische und kommunistische Literatur wurde damit völlig entmannt

in the hands of the German philosophers it ceased to express the struggle of one class with the other
in den Händen der deutschen Philosophen hörte sie auf, den Kampf der einen Klasse mit der anderen auszudrücken

and so the German philosophers felt conscious of having overcome "French one-sidedness"
und so fühlten sich die deutschen Philosophen bewußt, die "französische Einseitigkeit" überwunden zu haben

it did not have to represent true requirements, rather, it represented requirements of truth
Sie musste keine wahren Forderungen repräsentieren, sondern sie repräsentierte Forderungen der Wahrheit

there was no interest in the proletariat, rather, there was interest in Human Nature
es gab kein Interesse am Proletariat, sondern an der menschlichen Natur

the interest was in Man in general, who belongs to no class, and has no reality
das Interesse galt dem Menschen überhaupt, der keiner Klasse angehört und keine Wirklichkeit hat

a man who exists only in the misty realm of philosophical fantasy
ein Mann, der nur im nebligen Reich der philosophischen Fantasie existiert

but eventually this schoolboy German Socialism also lost its pedantic innocence
aber schließlich verlor auch dieser deutsche Schulsozialismus seine pedantische Unschuld

the German Bourgeoisie, and especially the Prussian Bourgeoisie fought against feudal aristocracy
die deutsche Bourgeoisie und besonders die preußische Bourgeoisie kämpfte gegen die feudale Aristokratie

the absolute monarchy of Germany and Prussia was also being faught against
auch die absolute Monarchie Deutschlands und Preußens wurde bekämpft

and in turn, the literature of the liberal movement also became more earnest
Und im Gegenzug wurde auch die Literatur der liberalen Bewegung ernster
Germany's long wished-for opportunity for "true" Socialism was offered
Deutschlands lang ersehnte Chance auf einen "wahren" Sozialismus wurde geboten
the opportunity of confronting the political movement with the Socialist demands
die Möglichkeit, die politische Bewegung mit den sozialistischen Forderungen zu konfrontieren
the opportunity of hurling the traditional anathemas against liberalism
die Gelegenheit, die traditionellen Bannsprüche gegen den Liberalismus zu schleudern
the opportunity to attack representative government and Bourgeoisie competition
die Möglichkeit, die repräsentative Regierung und die Bourgeoisie Konkurrenz anzugreifen
Bourgeoisie freedom of the press, Bourgeoisie legislation, Bourgeoisie liberty and equality
Pressefreiheit der Bourgeoisie, Bourgeoisie Gesetzgebung, Bourgeoisie Freiheit und Gleichheit
all of these could now be critiqued in the real world, rather than in fantasy
All dies könnte nun in der realen Welt kritisiert werden, anstatt in der Fantasie
feudal aristocracy and absolute monarchy had long preached to the masses
Feudalaristokratie und absolute Monarchie hatten den Massen lange gepredigt
"the working man has nothing to lose, and he has everything to gain"
"Der Arbeiter hat nichts zu verlieren und er hat alles zu gewinnen"

the Bourgeoisie movement also offered a chance to confront these platitudes
auch die Bourgeoisie bewegung bot eine Chance, sich mit diesen Plattitüden auseinanderzusetzen

the French criticism presupposed the existence of modern Bourgeoisie society
die französische Kritik setzte die Existenz der modernen Bourgeoisie Gesellschaft voraus

Bourgeoisie economic conditions of existence and Bourgeoisie political constitution
Bourgeoisie, ökonomische Existenzbedingungen und Bourgeoisie politische Verfassung

the very things whose attainment was the object of the pending struggle in Germany
gerade die Dinge, deren Errungenschaft Gegenstand des in Deutschland anstehenden Kampfes war

Germany's silly echo of socialism abandoned these goals just in the nick of time
Deutschlands albernes Echo des Sozialismus hat diese Ziele gerade noch rechtzeitig aufgegeben

the absolute governments had their following of parsons, professors, country squires and officials
Die absoluten Regierungen hatten ihre Gefolgschaft aus Pfarrern, Professoren, Landjunkern und Beamten

the government of the time met the German working-class risings with floggings and bullets
die damalige Regierung begegnete den deutschen Arbeiteraufständen mit Auspeitschungen und Kugeln

for them this socialism served as a welcome scarecrow against the threatening Bourgeoisie
ihnen diente dieser Sozialismus als willkommene Vogelscheuche gegen die drohende Bourgeoisie

and the German government was able to offer a sweet dessert after the bitter pills it handed out
und die deutsche Regierung konnte nach den bitteren Pillen, die sie austeilte, ein süßes Dessert anbieten

this "True" Socialism thus served the governments as a weapon for fighting the German Bourgeoisie
dieser "wahre" Sozialismus diente also den Regierungen als Waffe im Kampf gegen die deutsche Bourgeoisie
and, at the same time, it directly represented a reactionary interest; that of the German Philistines
und gleichzeitig repräsentierte sie direkt ein reaktionäres Interesse; die der deutschen Philister
In Germany the petty Bourgeoisie class is the real social basis of the existing state of things
In Deutschland ist das Kleinbourgeoisie die wirkliche gesellschaftliche Grundlage des bestehenden Zustandes
a relique of the sixteenth century that has constantly been cropping up under various forms
Ein Relikt des sechzehnten Jahrhunderts, das immer wieder in verschiedenen Formen auftaucht
To preserve this class is to preserve the existing state of things in Germany
Diese Klasse zu bewahren bedeutet, den bestehenden Zustand in Deutschland zu bewahren
The industrial and political supremacy of the Bourgeoisie threatens the petty Bourgeoisie with certain destruction
Die industrielle und politische Vorherrschaft der Bourgeoisie bedroht das KleinBourgeoisie mit der sicheren Vernichtung
on the one hand, it threatens to destroy the petty Bourgeoisie through the concentration of capital
auf der einen Seite droht sie das Kleinbourgeoisie durch die Konzentration des Kapitals zu vernichten
on the other hand, the Bourgeoisie threatens to destroy it through the rise of a revolutionary proletariat
auf der anderen Seite droht die Bourgeoisie, sie durch den Aufstieg eines revolutionären Proletariats zu zerstören
"True" Socialism appeared to kill these two birds with one stone. It spread like an epidemic
Der "wahre" Sozialismus schien diese beiden Fliegen mit einer Klappe zu schlagen. Es breitete sich wie eine Epidemie aus

The robe of speculative cobwebs, embroidered with flowers of rhetoric, steeped in the dew of sickly sentiment
Das Gewand spekulativer Spinnweben, bestickt mit Blumen der Rhetorik, durchtränkt vom Tau kränklicher Gefühle
this transcendental robe in which the German Socialists wrapped their sorry "eternal truths"
dieses transzendentale Gewand, in das die deutschen Sozialisten ihre traurigen "ewigen Wahrheiten" hüllten
all skin and bone, served to wonderfully increase the sale of their goods amongst such a public
alle Haut und Knochen, dienten dazu, den Absatz ihrer Waren bei einem solchen Publikum wunderbar zu vermehren.
And on its part, German Socialism recognised, more and more, its own calling
Und der deutsche Sozialismus seinerseits erkannte mehr und mehr seine eigene Berufung
it was called to be the bombastic representative of the petty-Bourgeoisie Philistine
sie war berufen, die bombastische Vertreterin des Kleinbourgeoisie Philisters zu sein
It proclaimed the German nation to be the model nation, and German petty Philistine the model man
Sie proklamierte die deutsche Nation als Musternation und den deutschen Kleinphilister als Mustermann
To every villainous meanness of this model man it gave a hidden, higher, Socialistic interpretation
Jeder schurkischen Gemeinheit dieses Mustermenschen gab sie eine verborgene, höhere, sozialistische Deutung
this higher, Socialistic interpretation was the exact contrary of its real character
diese höhere, sozialistische Deutung war das genaue Gegenteil ihres wirklichen Charakters
It went to the extreme length of directly opposing the "brutally destructive" tendency of Communism
Sie ging so weit, sich der "brutal destruktiven" Tendenz des Kommunismus direkt entgegenzustellen

and it proclaimed its supreme and impartial contempt of all class struggles

und sie proklamierte ihre höchste und unparteiische Verachtung aller Klassenkämpfe

With very few exceptions, all the so-called Socialist and Communist publications that now (1847) circulate in Germany belong to the domain of this foul and enervating literature

Mit sehr wenigen Ausnahmen gehören alle sogenannten sozialistischen und kommunistischen Publikationen, die jetzt (1847) in Deutschland zirkulieren, in den Bereich dieser üblen und entnervenden Literatur

2) Consiervative Socialism, or Bourgeoisie Socialism
2) Consiervativer Sozialismus oder Bourgeoisie Sozialismus

A part of the Bourgeoisie is desirous of redressing social grievances
Ein Teil der Bourgeoisie will soziale Missstände beseitigen
in order to secure the continued existence of Bourgeoisie society
um den Fortbestand der Bourgeoisie Gesellschaft zu sichern
To this section belong economists, philanthropists, humanitarians
Zu dieser Sektion gehören Ökonomen, Philanthropen, Menschenfreunde
improvers of the condition of the working class and organisers of charity
Verbesserer der Lage der Arbeiterklasse und Organisatoren der Wohltätigkeit
members of societies for the prevention of cruelty to animals
Mitglieder von Gesellschaften zur Verhütung von Tierquälerei
temperance fanatics, hole-and-corner reformers of every imaginable kind
Mäßigkeitsfanatiker, Loch-und-Ecken-Reformer aller erdenklichen Art
This form of Socialism has, moreover, been worked out into complete systems
Diese Form des Sozialismus ist überdies zu vollständigen Systemen ausgearbeitet worden
We may cite Proudhon's "Philosophie de la Misère" as an example of this form
Als Beispiel für diese Form sei Proudhons "Philosophie de la Misère" angeführt
The Socialistic Bourgeoisie want all the advantages of modern social conditions
Die sozialistische Bourgeoisie will alle Vorteile der modernen gesellschaftlichen Verhältnisse

but the Socialistic Bourgeoisie don't necessarily want the resulting struggles and dangers
aber die sozialistische Bourgeoisie will nicht unbedingt die daraus resultierenden Kämpfe und Gefahren

They desire the existing state of society, minus its revolutionary and disintegrating elements
Sie wollen den bestehenden Zustand der Gesellschaft, abzüglich ihrer revolutionären und zerfallenden Elemente

in other words, they wish for a Bourgeoisie without a proletariat
mit anderen Worten, sie wünschen sich eine Bourgeoisie ohne Proletariat

The Bourgeoisie naturally conceives the world in which it is supreme to be the best
Die Bourgeoisie begreift natürlich die Welt, in der sie die höchste ist, die Beste zu sein

and Bourgeoisie Socialism develops this comfortable conception into various more or less complete systems
und der Bourgeoisie Sozialismus entwickelt diese bequeme Auffassung zu verschiedenen mehr oder weniger vollständigen Systemen

they would very much like the proletariat to march straightway into the social New Jerusalem
sie wünschen sich sehr, dass das Proletariat geradewegs in das soziale Neue Jerusalem marschiert

but in reality it requires the proletariat to remain within the bounds of existing society
Aber in Wirklichkeit verlangt sie, dass das Proletariat innerhalb der Grenzen der bestehenden Gesellschaft bleibt

they ask the proletariat to cast away all their hateful ideas concerning the Bourgeoisie
sie fordern das Proletariat auf, alle seine hasserfüllten Ideen über die Bourgeoisie abzulegen

there is a second more practical, but less systematic, form of this Socialism

es gibt eine zweite, praktischere, aber weniger systematische Form dieses Sozialismus

this form of socialism sought to depreciate every revolutionary movement in the eyes of the working class

Diese Form des Sozialismus versuchte, jede revolutionäre Bewegung in den Augen der Arbeiterklasse abzuwerten

they argue no mere political reform could be of any advantage to them

Sie argumentieren, dass keine bloße politische Reform für sie von Vorteil sein könnte

only a change in the material conditions of existence in economic relations are of benefit

nur eine Veränderung der materiellen Existenzbedingungen in den wirtschaftlichen Beziehungen ist von Nutzen

like communism, this form of socialism advocates for a change in the material conditions of existence

Wie der Kommunismus tritt auch diese Form des Sozialismus für eine Veränderung der materiellen Existenzbedingungen ein

however, this form of socialism by no means suggests the abolition of the Bourgeoisie relations of production

Diese Form des Sozialismus bedeutet jedoch keineswegs, dass die Bourgeoisie Produktionsverhältnisse abgeschafft werden

the abolition of the Bourgeoisie relations of production can only be achieved through a revolution

die Abschaffung der Bourgeoisie Produktionsverhältnisse kann nur durch eine Revolution erreicht werden

but instead of a revolution, this form of socialism suggests administrative reforms

Doch statt einer Revolution schlägt diese Form des Sozialismus Verwaltungsreformen vor

and these administrative reforms would be based on the continued existence of these relations

und diese Verwaltungsreformen würden auf dem Fortbestand dieser Beziehungen beruhen

reforms, therefore, that in no respect affect the relations between capital and labour
Reformen, die in keiner Weise die Beziehungen zwischen Kapital und Arbeit berühren
at best, such reforms lessen the cost and simplify the administrative work of Bourgeoisie government
im besten Fall verringern solche Reformen die Kosten und vereinfachen die Verwaltungsarbeit der Bourgeoisie Regierung

Bourgeois Socialism attains adequate expression, when, and only when, it becomes a mere figure of speech
Der Bourgeoisie Sozialismus kommt dann und nur dann adäquat zum Ausdruck, wenn er zur bloßen Redewendung wird
Free trade: for the benefit of the working class
Freihandel: zum Wohle der Arbeiterklasse
Protective duties: for the benefit of the working class
Schutzpflichten: zum Wohle der Arbeiterklasse
Prison Reform: for the benefit of the working class
Gefängnisreform: zum Wohle der Arbeiterklasse
This is the last word and the only seriously meant word of Bourgeoisie Socialism
Das ist das letzte Wort und das einzig ernst gemeinte Wort des Bourgeoisie Sozialismus
It is summed up in the phrase: the Bourgeoisie is a Bourgeoisie for the benefit of the working class
Sie ist in dem Satz zusammengefasst: Die Bourgeoisie ist eine Bourgeoisie zum Wohle der Arbeiterklasse

3) Criticam-Utopian Socialism and Communism
3) Kritisch-utopischer Sozialismus und Kommunismus

We do not here refer to that literature which has always given voice to the demands of the proletariat
Wir beziehen uns hier nicht auf jene Literatur, die den Forderungen des Proletariats immer eine Stimme gegeben hat
this has been present in every great modern revolution, such as the writings of Babeuf and others
dies war in jeder großen modernen Revolution vorhanden, wie z. B. in den Schriften von Babeuf und anderen
The first direct attempts of the proletariat to attain its own ends necessarily failed
Die ersten unmittelbaren Versuche des Proletariats, seine eigenen Ziele zu erreichen, scheiterten notwendigerweise
these attempts were made in times of universal excitement, when feudal society was being overthrown
Diese Versuche wurden in Zeiten allgemeiner Aufregung unternommen, als die feudale Gesellschaft gestürzt wurde
the then undeveloped state of the proletariat led to those attempts failing
Der damals noch unterentwickelte Zustand des Proletariats führte zum Scheitern dieser Versuche
and they failed due to the absence of the economic conditions for its emancipation
und sie scheiterten am Fehlen der wirtschaftlichen Voraussetzungen für ihre Emanzipation
conditions that had yet to be produced, and could be produced by the impending Bourgeoisie epoch alone
Bedingungen, die erst noch geschaffen werden mussten und die durch die bevorstehende Epoche der Bourgeoisie allein hervorgebracht werden konnten
The revolutionary literature that accompanied these first movements of the proletariat had necessarily a reactionary character

Die revolutionäre Literatur, die diese ersten Bewegungen des Proletariats begleitete, hatte notwendigerweise einen reaktionären Charakter

This literature inculcated universal asceticism and social levelling in its crudest form

Diese Literatur schärfte universelle Askese und soziale Nivellierung in ihrer gröbsten Form ein

The Socialist and Communist systems, properly so called, spring into existence in the early undeveloped period

Die sozialistischen und kommunistischen Systeme, die man eigentlich so nennt, entstehen in der frühen unentwickelten Periode

Saint-Simon, Fourier, Owen and others, described the struggle between proletariat and Bourgeoisie (see Section 1)

Saint-Simon, Fourier, Owen und andere beschrieben den Kampf zwischen Proletariat und Bourgeoisie (siehe Abschnitt 1)

The founders of these systems see, indeed, the class antagonisms

Die Begründer dieser Systeme sehen in der Tat die Klassengegensätze

they also see the action of the decomposing elements, in the prevailing form of society

Sie sehen auch das Wirken der sich zersetzenden Elemente in der herrschenden Gesellschaftsform

But the proletariat, as yet in its infancy, offers to them the spectacle of a class without any historical initiative

Aber das Proletariat, das noch in den Kinderschuhen steckt, bietet ihnen das Schauspiel einer Klasse ohne jede historische Initiative

they see the spectacle of a social class without any independent political movement

Sie sehen das Schauspiel einer sozialen Klasse ohne unabhängige politische Bewegung

the development of class antagonism keeps even pace with the development of industry
Die Entwicklung des Klassengegensatzes hält mit der Entwicklung der Industrie Schritt
so the economic situation does not as yet offer to them the material conditions for the emancipation of the proletariat
Die ökonomische Lage bietet ihnen also noch nicht die materiellen Bedingungen für die Befreiung des Proletariats
They therefore search after a new social science, after new social laws, that are to create these conditions
Sie suchen also nach einer neuen Sozialwissenschaft, nach neuen sozialen Gesetzen, die diese Bedingungen schaffen sollen
historical action is to yield to their personal inventive action
historisches Handeln besteht darin, sich ihrem persönlichen erfinderischen Handeln zu beugen
historically created conditions of emancipation are to yield to fantastic conditions
Historisch geschaffene Emanzipationsbedingungen sollen phantastischen Verhältnissen weichen
and the gradual, spontaneous class-organisation of the proletariat is to yield to the organisation of society
und die allmähliche, spontane Klassenorganisation des Proletariats soll der Organisation der Gesellschaft weichen
the organisation of society specially contrived by these inventors
die Organisation der Gesellschaft, die von diesen Erfindern eigens ersonnen wurde
Future history resolves itself, in their eyes, into the propaganda and the practical carrying out of their social plans
Die zukünftige Geschichte löst sich in ihren Augen in die Propaganda und die praktische Durchführung ihrer sozialen Pläne auf
In the formation of their plans they are conscious of caring chiefly for the interests of the working class

Bei der Ausarbeitung ihrer Pläne sind sie sich bewußt, daß sie sich in erster Linie um die Interessen der Arbeiterklasse kümmern

Only from the point of view of being the most suffering class does the proletariat exist for them

Nur unter dem Gesichtspunkt, die leidendste Klasse zu sein, existiert das Proletariat für sie

The undeveloped state of the class struggle and their own surroundings inform their opinions

Der unentwickelte Zustand des Klassenkampfes und ihre eigene Umgebung prägen ihre Meinungen

Socialists of this kind consider themselves far superior to all class antagonisms

Sozialisten dieser Art halten sich allen Klassengegensätzen weit überlegen

They want to improve the condition of every member of society, even that of the most favoured

Sie wollen die Lage jedes Mitglieds der Gesellschaft verbessern, auch die der Begünstigten

Hence, they habitually appeal to society at large, without distinction of class

Daher appellieren sie gewöhnlich an die Gesellschaft als Ganzes, ohne Unterschied der Klasse

nay, they appeal to society at large by preference to the ruling class

Ja, sie appellieren an die Gesellschaft als Ganzes, indem sie die herrschende Klasse bevorzugen

to them, all it requires is for others to understand their system

Für sie ist alles, was es braucht, dass andere ihr System verstehen

because how can people fail to see that the best possible plan is for the best possible state of society?

Denn wie können die Menschen nicht erkennen, dass der bestmögliche Plan für den bestmöglichen Zustand der Gesellschaft ist?

Hence, they reject all political, and especially all revolutionary, action
Daher lehnen sie jede politische und vor allem jede revolutionäre Aktion ab
they wish to attain their ends by peaceful means
Sie wollen ihre Ziele mit friedlichen Mitteln erreichen
they endeavour, by small experiments, which are necessarily doomed to failure
Sie bemühen sich durch kleine Experimente, die notwendigerweise zum Scheitern verurteilt sind
and by the force of example they try to pave the way for the new social Gospel
und durch die Kraft des Beispiels versuchen sie, den Weg für das neue soziale Evangelium zu ebnen
Such fantastic pictures of future society, painted at a time when the proletariat is still in a very undeveloped state
Welch phantastische Bilder von der zukünftigen Gesellschaft, gemalt in einer Zeit, in der sich das Proletariat noch in einem sehr unterentwickelten Zustand befindet
and it still has but a fantastical conception of its own position
und sie hat immer noch nur eine phantastische Vorstellung von ihrer eigenen Stellung
but their first instinctive yearnings correspond with the yearnings of the proletariat
aber ihre ersten instinktiven Sehnsüchte entsprechen den Sehnsüchten des Proletariats
both yearn for a general reconstruction of society
Beide sehnen sich nach einem allgemeinen Umbau der Gesellschaft

But these Socialist and Communist publications also contain a critical element
Aber diese sozialistischen und kommunistischen Veröffentlichungen enthalten auch ein kritisches Element
They attack every principle of existing society

Sie greifen jedes Prinzip der bestehenden Gesellschaft an
Hence they are full of the most valuable materials for the enlightenment of the working class
Daher sind sie voll von den wertvollsten Materialien für die Aufklärung der Arbeiterklasse
they propose abolition of the distinction between town and country, and the family
Sie schlagen die Abschaffung der Unterscheidung zwischen Stadt und Land und der Familie vor
the abolition of the carrying on of industries for the account of private individuals
die Abschaffung des Gewerbetreibens für Rechnung von Privatpersonen
and the abolition of the wage system and the proclamation of social harmony
und die Abschaffung des Lohnsystems und die Proklamation des sozialen Friedens
the conversion of the functions of the State into a mere superintendence of production
die Verwandlung der Funktionen des Staates in eine bloße Aufsicht über die Produktion
all these proposals, point solely to the disappearance of class antagonisms
Alle diese Vorschläge deuten einzig und allein auf das Verschwinden der Klassengegensätze hin
class antagonisms were, at that time, only just cropping up
Klassengegensätze waren damals gerade erst im Entstehen begriffen
in these publications these class antagonisms are recognised in their earliest, indistinct and undefined forms only
In diesen Veröffentlichungen werden diese Klassengegensätze nur in ihren frühesten, undeutlichen und unbestimmten Formen anerkannt
These proposals, therefore, are of a purely Utopian character
Diese Vorschläge haben also rein utopischen Charakter

The significance of Critical-Utopian Socialism and Communism bears an inverse relation to historical development
Die Bedeutung des kritisch-utopischen Sozialismus und des Kommunismus steht in einem umgekehrten Verhältnis zur historischen Entwicklung

the modern class struggle will develop and continue to take definite shape
Der moderne Klassenkampf wird sich entwickeln und weiter konkrete Gestalt annehmen

this fantastic standing from the contest will lose all practical value
Dieses fantastische Ansehen des Wettbewerbs wird jeden praktischen Wert verlieren

these fantastic attacks on class antagonisms will lose all theoretical justification
Diese phantastischen Angriffe auf die Klassengegensätze verlieren jede theoretische Rechtfertigung

the originators of these systems were, in many respects, revolutionary
Die Urheber dieser Systeme waren in vielerlei Hinsicht revolutionär

but their disciples have, in every case, formed mere reactionary sects
Aber ihre Jünger haben in jedem Fall bloße reaktionäre Sekten gebildet

They hold tightly to the original views of their masters
Sie halten an den ursprünglichen Ansichten ihrer Meister fest

but these views are in opposition to the progressive historical development of the proletariat
Aber diese Anschauungen stehen im Gegensatz zur fortschreitenden geschichtlichen Entwicklung des Proletariats

They, therefore, endeavour, and that consistently, to deaden the class struggle
Sie bemühen sich daher, und zwar konsequent, den Klassenkampf abzustumpfen

and they consistently endeavour to reconcile the class antagonisms
Und sie bemühen sich konsequent, die Klassengegensätze zu versöhnen
They still dream of experimental realisation of their social Utopias
Noch träumen sie von der experimentellen Umsetzung ihrer gesellschaftlichen Utopien
they still dream of founding isolated "phalansteres" and establishing "Home Colonies"
sie träumen immer noch davon, isolierte "Phalanster" zu gründen und "Heimatkolonien" zu gründen
they dream of setting up a "Little Icaria" — duodecimo editions of the New Jerusalem
sie träumen davon, eine "Kleine Ikaria" zu errichten – Duodecimo-Ausgaben des Neuen Jerusalem
and they dream to realise all these castles in the air
Und sie träumen davon, all diese Luftschlösser zu verwirklichen
they are compelled to appeal to the feelings and purses of the bourgeois
Sie sind gezwungen, an die Gefühle und den Geldbeutel der Bourgeoisie zu appellieren
By degrees they sink into the category of the reactionary conservative Socialists depicted above
Nach und nach sinken sie in die Kategorie der oben dargestellten reaktionären konservativen Sozialisten
they differ from these only by more systematic pedantry
sie unterscheiden sich von diesen nur durch systematischere Pedanterie
and they differ by their fanatical and superstitious belief in the miraculous effects of their social science
und sie unterscheiden sich durch ihren fanatischen und abergläubischen Glauben an die Wunderwirkungen ihrer Sozialwissenschaft

They, therefore, violently oppose all political action on the part of the working class
Sie widersetzen sich daher gewaltsam jeder politischen Aktion der Arbeiterklasse
such action, according to them, can only result from blind unbelief in the new Gospel
ein solches Handeln kann ihrer Meinung nach nur aus blindem Unglauben an das neue Evangelium resultieren
The Owenites in England, and the Fourierists in France, respectively, oppose the Chartists and the "Réformistes"
Die Owenisten in England und die Fourieristen in Frankreich stehen den Chartisten und den "Réformisten" entgegen

- Position of the Communists in Relation to the Various Existing Opposision Parties -
- Stellung der Kommunisten zu den verschiedenen bestehenden Oppositionsparteien -

Section II has made clear the relations of the Communists to the existing working-class parties
Abschnitt II hat die Beziehungen der Kommunisten zu den bestehenden Arbeiterparteien deutlich gemacht

such as the Chartists in England, and the Agrarian Reformers in America
wie die Chartisten in England und die Agrarreformer in Amerika

The Communists fight for the attainment of the immediate aims
Die Kommunisten kämpfen für die Erreichung der unmittelbaren Ziele

they fight for the enforcement of the momentary interests of the working class
Sie kämpfen für die Durchsetzung der momentanen Interessen der Arbeiterklasse

but in the political movement of the present, they also represent and take care of the future of that movement
Aber in der politischen Bewegung der Gegenwart repräsentieren und kümmern sie sich auch um die Zukunft dieser Bewegung

In France the Communists ally themselves with the Social-Democrats
In Frankreich verbünden sich die Kommunisten mit den Sozialdemokraten

and they position themselves against the conservative and radical Bourgeoisie
und sie positionieren sich gegen die konservative und radikale Bourgeoisie

however, they reserve the right to take up a critical position in regard to phrases and illusions traditionally handed down from the great Revolution
sie behalten sich jedoch das Recht vor, eine kritische Position gegenüber Phrasen und Illusionen einzunehmen, die traditionell aus der großen Revolution überliefert sind
In Switzerland they support the Radicals, without losing sight of the fact that this party consists of antagonistic elements
In der Schweiz unterstützt man die Radikalen, ohne dabei aus den Augen zu verlieren, dass diese Partei aus antagonistischen Elementen besteht
partly of Democratic Socialists, in the French sense, partly of radical Bourgeoisie
teils von demokratischen Sozialisten im französischen Sinne, teils von radikaler Bourgeoisie
In Poland they support the party that insists on an agrarian revolution as the prime condition for national emancipation
In Polen unterstützen sie die Partei, die auf einer Agrarrevolution als Hauptbedingung für die nationale Emanzipation beharrt
that party which fomented the insurrection of Cracow in 1846
jene Partei, die 1846 den Krakauer Aufstand angezettelt hatte
In Germany they fight with the Bourgeoisie whenever it acts in a revolutionary way
In Deutschland kämpft man mit der Bourgeoisie, wenn sie revolutionär handelt
against the absolute monarchy, the feudal squirearchy, and the petty Bourgeoisie
gegen die absolute Monarchie, das feudale Eichhörnchen und das Kleinbourgeoisie
But they never cease, for a single instant, to instil into the working class one particular idea
Aber sie hören nicht auf, der Arbeiterklasse auch nur einen Augenblick lang eine bestimmte Idee einzuflößen

the clearest possible recognition of the hostile antagonism between Bourgeoisie and proletariat
die klarste Erkenntnis des feindlichen Antagonismus zwischen Bourgeoisie und Proletariat
so that the German workers may straightaway use the weapons at their disposal
damit die deutschen Arbeiter sofort von den ihnen zur Verfügung stehenden Waffen Gebrauch machen können
the social and political conditions that the Bourgeoisie must necessarily introduce along with its supremacy
die sozialen und politischen Bedingungen, die die Bourgeoisie mit ihrer Herrschaft notwendigerweise einführen muss
the fall of the reactionary classes in Germany is inevitable
der Sturz der reaktionären Klassen in Deutschland ist unvermeidlich
and then the fight against the Bourgeoisie itself may immediately begin
und dann kann der Kampf gegen die Bourgeoisie selbst sofort beginnen
The Communists turn their attention chiefly to Germany, because that country is on the eve of a Bourgeoisie revolution
Die Kommunisten richten ihre Aufmerksamkeit hauptsächlich auf Deutschland, weil dieses Land am Vorabend einer Bourgeoisie Revolution steht
a revolution that is bound to be carried out under more advanced conditions of European civilisation
eine Revolution, die unter den fortgeschritteneren Bedingungen der europäischen Zivilisation durchgeführt werden muss
and it is bound to be carried out with a much more developed proletariat
Und sie wird mit einem viel weiter entwickelten Proletariat durchgeführt werden
a proletariat more advanced than that of England was in the seventeenth, and of France in the eighteenth century

ein Proletariat, das weiter fortgeschritten war als das Englands im 17. und Frankreichs im 18. Jahrhundert

and because the Bourgeoisie revolution in Germany will be but the prelude to an immediately following proletarian revolution

und weil die Bourgeoisie Revolution in Deutschland nur das Vorspiel zu einer unmittelbar folgenden proletarischen Revolution sein wird

In short, the Communists everywhere support every revolutionary movement against the existing social and political order of things

Kurz gesagt, die Kommunisten unterstützen überall jede revolutionäre Bewegung gegen die bestehende soziale und politische Ordnung der Dinge

In all these movements they bring to the front, as the leading question in each, the property question

In all diesen Bewegungen rücken sie als Leitfrage die Eigentumsfrage in den Vordergrund

no matter what its degree of development is in that country at the time

unabhängig davon, wie hoch der Entwicklungsstand in diesem Land zu diesem Zeitpunkt ist

Finally, they labour everywhere for the union and agreement of the democratic parties of all countries

Schließlich setzen sie sich überall für die Vereinigung und Zustimmung der demokratischen Parteien aller Länder ein

The Communists disdain to conceal their views and aims

Die Kommunisten verschmähen es, ihre Ansichten und Ziele zu verheimlichen

They openly declare that their ends can be attained only by the forcible overthrow of all existing social conditions

Sie erklären offen, dass ihre Ziele nur durch den gewaltsamen Umsturz aller bestehenden gesellschaftlichen Verhältnisse erreicht werden können

Let the ruling classes tremble at a Communistic revolution

Mögen die herrschenden Klassen vor einer kommunistischen Revolution zittern

The proletarians have nothing to lose but their chains

Die Proletarier haben nichts zu verlieren als ihre Ketten

They have a world to win

Sie haben eine Welt zu gewinnen

WORKING MEN OF ALL COUNTRIES, UNITE!

ARBEITER ALLER LÄNDER, VEREINIGT EUCH!

www.ingramcontent.com/pod-product-compliance
Lightning Source LLC
Chambersburg PA
CBHW011952090526
44591CB00020B/2736